30

Jürgen Helfricht

Kleines Weimar-ABC

Husum

Johann Sebastian Bach

Weimar war zweimal Station im Leben des am 21. März 1685 in Eisenach geborenen Johann Sebastian Bach. Im März 1703 trat er am Hofe von Herzog Johann Ernst III. von Sachsen Weimar (1664–1707), der sich die Regentschaft mit seinem Bruder Wilhelm Ernst (1662–1728) teilte, eine Violinistenstelle im kleinen herzoglichen Kammerorchester an. Für ein Jahresgehalt von 27 Gulden und 9 Groschen musste er auch den alten Hoforganisten Johann Effler (1635–1711) vertreten. Nachdem der 18-jährige Bach im Juli 1703 als „Fürstlich Sächsischer Hoforganist" die Orgel der Neuen Kirche in Arnstadt begutachtet hatte, bekam er das dortige Organistenamt angetragen und verließ Ende August die Stadt an der Ilm. 23-jährig kam Bach dann 1708 mit seiner ersten Frau Maria Barbara (1684–1720) als Hoforganist und Kammermusiker des Herzogs Wilhelm Ernst aus Mühlhausen zurück nach Weimar. Als Orgellehrer lehrte er etwa 80 Schüler. 1714 zum Vizekapellmeister ernannt, musste er monatlich eine Kantate schreiben und aufführen – rund 30 Kantaten dürften in dieser Zeit entstanden sein. Ebenso zahlreiche Orgelwerke wie das „Orgelbüchlein", 46 nach dem Kirchenjahr geordnete Choralvorspiele, Toccata und Fuge d-Moll BWV 565, Fantasie und Fuge g-Moll BWV 542 oder die Passacaglia c-Moll BWV 582. Daneben wurde Bach zu den Orchestersuiten Nr. 1 C-Dur BWV 1066 und Nr. 2 h-Moll BWV 1067 angeregt.

Johann Sebastian Bach als Konzertmeister in Weimar. Gemälde wohl von J. E. Rentsch d. Ä.

Tochter Catharina Dorothea (1708–1774) sowie die Söhne Wilhelm Friedemann (1710–1784), Carl Philipp Emmanuel (1714–1788) und Johann Gottfried Bernhard (1715–1739) wurden hier geboren. Ein Zwillingspaar starb 1713. Im Jahre 1711 betrug Bachs Jahresgehalt

Hoforganist Johann Sebastian Bach dirigiert die Weimarer Hofkapelle. Historiengemälde von Hans W. Schmidt (1859–1950).

200 Gulden und wurde drei Jahre später auf 250 erhöht. Von Weimar aus entfaltete er eine beachtliche Reisetätigkeit. Die bekannteste Tour führte ihn 1717 an den sächsischen Hof nach Dresden, wo der französische Cembalist und Organist Louis Marchand (1669–1732) aus Furcht vor einem geplanten Orgelwettstreit am Tag von Bachs Eintreffen überraschend abgereist sein soll. Bereits Ende 1716 war der Weimarer Kapellmeister Samuel Drese (geb. 1644) verstorben, nach dessen Tod sich Bach Hoffnungen auf sein Amt machte, jedoch übergangen wurde. Auf der Suche nach einer neuen Stelle nahm er das mit 400 Gulden wesentlich besser dotierte Angebot vom Köthener Hof an, wurde im Zusammenhang mit seinem Entlassungsgesuch jedoch vorher von Herzog Wilhelm Ernst vier Wochen lang (6. November bis 2. Dezember 1717) arretiert. Bis zu seinem Tod am 28. Juli 1750 in Leipzig kam Bach nie wieder nach Weimar.

Bauhaus

Der Name Staatliches Bauhaus geht auf den Architekten Walter Gropius (1883–1969) zurück, welcher 1919 zum Direktor der Weimarer Kunsthochschule berufen wurde – eine Fusion der seit 1860 bestehenden Großherzoglich Sächsischen Kunsthochschule und der vom belgischen Universalkünstler Henry van de Velde (1863–1957) im Jahre 1907 gegründeten Großherzoglich Sächsischen Kunstgewerbeschule Weimar. Bauhaus stand für die Idee, die bisherigen Schulen zu einer Ausbildungsstätte neuen Typs umzustrukturieren. Daraus entwickelte sich eine berühmte Designhochschule mit weltweiter Ausstrahlung im 20. Jahrhundert. Bereits 1916 hatte Gropius Vorschläge zur Gründung einer Lehranstalt als künstlerische Beratungsstelle für Industrie, Gewerbe und Handwerk unterbreitet, die in Anlehnung an die mittelalterlichen Bauhütten Künstler, Architekten und Kaufleute vereinen sollte, jedoch auch die modernen Technologien und die Massenproduktion berücksichtigte. Bildhauerei, Malerei, Kunstgewerbe und Handwerk wollten unter Führung der Architektur zu einem neuen Gesamtkunstwerk, dem

Das Haus Am Horn 61 wurde 1923 als Musterhaus errichtet.

„großen Bau“ bzw. der „Kathedrale der Zukunft“, reifen. Neben gründlicher handwerklicher Ausbildung der Studierenden in Werkstätten verfolgte er utopisch anmutende Ideen wie die Arbeits- und Lebensgemeinschaft aller Lehrenden und Lernenden. Aus den ursprünglichen Visionen kristallisierte sich um 1924 ein Aspekt heraus, der wegweisend für die Bauhaus-Kultur wurde: die funktionale Neugestaltung der Wohnumwelt vom einfachen Hausgerät bis zum fertigen Haus – durch Beschränkung auf typische, jedem verständliche Grundformen und -farben, Einfachheit im Vielfachen, knappe Ausnutzung von Raum, Stoff, Zeit und Geld. Als Lehrer bzw. „Meister“ für die Werkstätten (Bühne, Druckerei, Glasmalerei, Holz- und Steinbildhauerei, Metallwerkstatt, Tischlerei, Töpferei, Wandmalerei, Weberei) berief man avantgardistische Künstler wie Lyonel Feininger (1871–1956), Johannes Itten (1888–1967), Wassily Kandinsky (1866–1944), Paul Klee (1879–1940), Gerhard Marcks (1889–1981), László Moholy-Nagy (1895–1946), Georg Muche (1895–1987) und Oskar Schlemmer (1888–1943). Nach Anfeindungen und der Nichtbewilligung fi-

Henry van de Velde um 1911 von Hoffotograf Louis Held (1851–1927) aufgenommen.

nanzieller Mittel wurde 1925 die Übersiedelung des Bauhauses nach Dessau beschlossen. Dort existierte es bis 1932 weiter und fand seine endgültige Auflösung 1933 in Berlin. Die heutige Bauhaus-Universität Weimar pflegt diese große Tradition. Ihr untersteht auch das 1923 errichtete Versuchs- und Musterhaus am Ende der Straße Am Horn 61. Zu den →*Museen der Klassik Stiftung Weimar* gehört das Bauhaus-Museum am Theaterplatz. Hier werden rund 500 Arbeiten präsentiert, die einen Einblick in die Kunst- und Kunstschulentwicklung der Stadt vermitteln.

Brunnen

Einst der Wasserversorgung der Weimarer dienend, zieren heute künstlerisch gestaltete Brunnen die Innenstadt und den Park an der Ilm. Rund 30 Brunnen verzeichnete der 1784 erschienene „Plan der Fürstlich Sächsischen Residenz Stadt Weimar“. Aus dieser Zeit hat sich als ältester der 1774 errichtete und inzwischen zweimal erneuerte **Neptunbrunnen** von Martin Klauer (1742–1801) mit dem achteckigen Sandsteinbecken auf dem Markt erhalten. Wuchtig schleudert der Gott des Meeres den Winden seinen eisernen Dreizack entgegen, beschwichtigt die tosenden Wogen mit „Quos ego!“ (Euch werd' ich!). Am gleichen Standort sind bereits Ziehbrunnen und Wasserspeier bis ins Jahr 1540 nachweisbar. Unter Großherzog Carl August (1757–1828) kam die barocke Brunnenfigur der **Herkules-Antäus-Gruppe** im Hof des Goethehauses nach Weimar. Von 1796 stammt der **Ildefonsobrunnen** mit zwei nackten Jünglingsfiguren in Eisenkunstguss aus Lauchhammer am Roten Schloss. Weimars wohl klassischster Brunnen – als Vorlage diente ein im 17. Jh. in San Ildefonso bei Madrid ausgegrabenes hellenistisches Marmor-Original – stand ursprünglich am Stadtzugang des Parks. 1824 versetzte ihn Clemens Wenzeslaus Coudray (1775–1845) an den heutigen Ort. Aus dieser Zeit stammt auch der **Pumpbrunnen** im Hof des →*Kirms-Krackow-Hauses* in der Jakob-

Neptunbrunnen von 1774 vor der Hofapotheke am Markt.

straße. Fest im Stadtbild verankert sind zwei ebenfalls von Coudray geschaffene, gusseiserne Brunnen: der **Goethebrunnen** von 1821 am Frauenplan und der **Herderbrunnen** von 1832 vor der Stadtkirche auf dem Herderplatz. Sechs Sandsteinbrunnen gehen auf eine Stiftung von Großherzogin Maria Pawlowna (1786–1859) aus dem Jahre 1847 zurück: der **Brunnen am Haus der Frau von Stein** an der Ackerwand, der **Muschelbrunnen** in der Schwanseestraße, der **Theaterbrunnen** auf dem Sophienstiftsplatz an der Rückseite des Theaters, der **Geleitbrunnen** an der Scherfgasse, der **Delphinbrunnen** auf dem Teichplatz und der **Löwenbrunnen** Am Graben. Auf dem Wielandplatz steht seit 1859 der **Wielandbrunnen.** 1858 schuf man den **Bürgerschulbrunnen**. Seinen Platz fand er vor der 1825 eingeweihten, im klassizistischen Baustil von Coudray errichteten, Bürgerschule an der Karl-Liebknecht-Straße. Auf dem sich pyramidenförmig verjüngenden, gusseisernen Brunnenhäuschen steht die vergoldete Figur eines lesenden Knaben. In den Jahren 1863/64 entwarf Ferdinand Streichhan (1814–1884) den

1824 wurde der Ildefonsobrunnen von 1796 ans Rote Schloss versetzt.

Gänsemännchenbrunnen auf der Schillerstraße und den **Brunnen am Lesemuseum** auf dem Goetheplatz, der sogar eine Hundetränke hat. Auf fast vier Meter hohem Sockel fasziniert an der Rittergasse/Ecke Geleitstraße die überlebensgroße Figurengruppe einer Wasser holenden Mutter mit ihren zwei Kindern und Löwenköpfen als Wasserspeier – der

Weimars Donndorfbrunnen aus dem Jahre 1895.

Donndorfbrunnen! Der stattlichste aller Weimarer Brunnen entstand 1895 als Schöpfung und Geschenk von Bildhauer Adolf Donndorf (1835–1916). Er war der dritte Abguss der 1881 von Donndorf in New York geschaffenen „James Fountain". 1892 fand eine Kopie unter der Bezeichnung „Mutterliebe" auch im mährischen Zwittau ihren Platz. Den **Froschbrunnen** an der Steubenstraße schuf 1910 Arno Zauche (1875–1941). Im Jahre 1915 wurde die bronzene Jünglingsfigur eines antiken Schwertkämpfers von Richard Engelmann (1868–1966) als Denkmal für den Dramatiker Ernst von Wildenbruch (1845–1909) eingeweiht. Wegen der Spiegelung im flachen Wasserbecken verschiedentlich als **Spiegelbrunnen** bezeichnet und 1976 abgebrochen, steht das Kunstwerk heute wieder in der Grünanlage Am Poseckschen Garten. Wie die meisten bereits erwähnten Anlagen werden der 1998 an die Stadtmauer umgesetzte **Brunnen von 1859**, der **Brunnen im Hof der Volkshochschule** (Graben 6), der 1998 wieder aufgestellte **Bodebrunnen** von 1856 am Brühl sowie der 1998 errichtete **Brunnen im Herdergarten** hinter der Herderkirche durch Quellwasser der Rabenquellen in Weimar-West gespeist.

Lucas Cranach d. Ä.

Als Hauptvertreter der sächsischen Mal-, Zeichen- und Kupferstecherschule des 16. Jahrhunderts ging der 1472 in Kronach geborene Lucas Cranach d. Ä. in die Geschichte ein. Hochbetagt kam er 1552 mit Johann Friedrich dem Großmütigen (1503–1554) nach Weimar. 1505 war er vom sächsischen Kurfürsten Friedrich III., dem Weisen (1463–1525), als Hofmaler an dessen Residenz Wittenberg berufen worden. Cranach d. Ä. diente auch den beiden Nachfolgern, hinterließ ein umfangreiches Werk an Renaissance-Porträts, christlichen und mythologischen Bildthemen, Jagd- und Festmotiven. Als Johann Friedrich 1547 in der Schlacht bei Mühlberg durch Kaiser Karl V. (1500–1558) seiner Freiheit beraubt wurde, die Kurwürde, sein Kurland und weitere Landstriche an die albertinischen Wettiner verlor, folgte der Kunstmaler dem Dienstherren freiwillig in die Gefangenschaft. Nach Beendigung derselben zählte er zum Hofstaat des abgestraften Herzogs von Sachsen, der am 29. September 1552 in dessen Residenz Weimar einzog. Der greise Cranach verbrachte sein letztes Lebensjahr im Haus des Kanzlers und Schwiegersohns Christian Brück (um 1515–1567), der seit 1543 mit Tochter Barbara vermählt war. Brück hatte sich 1549 mit dem fürstlich sächsischen Sekretär Anton Pestel ein Doppelhaus am →*Markt* gebaut – das Cranach-

Mitteltafel des großen Altargemäldes in der Herderkirche. Rechts vom Kruzifix stehen Johannes der Täufer, Lucas Cranach d. Ä. und Martin Luther.

haus! Von Brück und Lucas Cranach d. Ä. bestehen genealogische Verbindungen zu →*Johann Wolfgang von Goethe* (1749–1832). Als späterer Kanzler unterstützte Brück die irrealen Vorhaben seines Landesherren zur Wiedererlangung der Kurwürde, verbündete sich mit dem Landfriedensbrecher Reichsritter Wilhelm von Grumbach (1503–1567) und wurde 1567 mit diesem zusammen auf dem Markt von Gotha lebendig gevierteilt. Der 80-jährige

Cranach begann nach seiner Ankunft in Weimar gleich mit der Arbeit am Gemälde des Altars der →*Stadtkirche*, das sein Sohn Lucas Cranach d. J. (1515–1586) fertigstellte. Lucas Cranach d. Ä. starb am 16. Oktober 1553 in Weimar und wurde auf dem Jakobskirchhof bestattet. Sein originaler Grabstein befindet sich in der Stadtkirche. Seit 1888 gibt es eine Cranachstraße.

Oben: Prächtiges Portal am Cranachhaus.

In diesem 1547 errichteten Renaissancehaus am Markt wohnte Lucas Cranach d. Ä. von Herbst 1552 bis zu seinem Tode im Oktober 1553.

Deutsches Nationaltheater

Bedeutungsschwer ist der Name des Mehrsparten-Theaters im Zentrum der Stadt. Er geht auf den 1919 neu berufenen Generalintendanten Ernst Hardt (1876–1947) zurück. Dieser erklärte am 19. Januar 1919, dem Wahltag zur Nationalversammlung, seine für die Opern- und Theatergeschichte mehrfach wichtig gewordene Bühne programmatisch zum „Deutschen Nationaltheater". Als wenige Wochen später hier das erste demokratisch gewählte deutsche Parlament tagte und mit der Weimarer Reichsverfassung die →*Weimarer Republik* begründete, errang das Haus für kurze Zeit eine seine eigentliche kulturelle Bestimmung weit übersteigende Symbolkraft. 1908 eingeweiht, stand der Bau mit seiner klassizistischen Fassade und dem bereits 1857 aufgestellten Doppeldenkmal →*Goethes* und →*Schillers* von Ernst Rietschel (1804–1861) in der Tradition des Weimarer Hoftheaters. Seit 1756 hatte der herzogliche Hof, der beispielgebend für deutsche Residenzen über einen Theaterraum im Ostflügel des Schlosses verfügte, bekannte Ensembles für mehrere Spielzeiten engagiert. Nach den Truppen von Karl Theophil Doebbelin und Heinrich Gottfried Koch kam 1771 Abel Seyler mit seinen Mimen. Unter ihnen ragte Charakterdarsteller Conrad Ekhof (1720–1778) heraus, der später am Hoftheater Gotha wirkte und noch zu Lebzeiten „Vater der deutschen Schauspielkunst" genannt wurde. Zum Repertoire gehörten damals sowohl englische, französische sowie spanische Tragödien und Komödien als auch deutsche Stücke wie die von Gotthold Ephraim Lessing (1729–1781) oder Gottlieb Klopstock (1724–1803). Auch ortsansässige Dichter wie Johann Carl August Musäus

Das erste Hoftheater existierte von 1779 bis 1825.

(1735–1787) und Christoph Martin Wieland (1733–1813) schrieben für die Bühne. Beim Schlossbrand 1774 um den festen Musenort beraubt, trafen sich in den folgenden Jahren Adelige und Bürger mehr sporadisch zum Laientheaterspiel. Dann ließ 1779 Bauunternehmer Anton Georg Hauptmann (1735–1803) gegenüber dem → *Wittumspalais* an der Stelle des heutigen Nationaltheaters ein Komödienhaus errichten. In diesem etablierte Herzog Carl August (1757–1828) im Jahre 1791 das Hoftheater, welches bis 1817 unter Goethes Intendanz stand und 4806 Vorstellungen – rund 300 pro Jahr – erlebte. Eröffnet wurde es mit den „Jägern" von August Wilhelm Iffland (1759–1814). Die Blütezeit der Bühne begann 1798 mit „Wallensteins Lager", das wie fast alle Schillerschen Dramen (außer der „Jungfrau von Orleans") hier zur Uraufführung kam. Charismatische Schauspielerinnen und Schauspieler wie die früh verstorbene Christiane Becker-Neumann (1778–1797), Amalie Malcolmi-Wolff (1783–1851), die als herzogliche Mätresse zu Bekanntheit gelangte Primadonna Caroline Jagemann (1777–1848), Anton Genast (1765–1831) oder Pius Alexander Wolff (1782–1828) trugen zum ausgezeichneten Ruf des Hauses bei. Zu jener Zeit erfreute sich mit Opern wie der „Zauberflöte" von Wolfgang Amadeus Mozart (1756–1791) auch das Musiktheater in Weimar großer Popularität. Im März 1825 durch Brand vernichtet, war das Großherzogliche Hoftheater schon sechs Monate später wieder aufgebaut. Unter den Hofkapellmeistern Johann Nepomuk Hummel (1778–1837) und Franz Liszt (1811–1886) dominierte das Opern- und Konzertleben. Höhepunkt wurde die „Lohengrin"-Uraufführung des in Dresden steckbrieflich gesuchten Revolutionärs Richard

Von 1825 bis 1907 bot das Großherzogliche Hoftheater diesen Anblick.

Das 1908 eingeweihte Deutsche Nationaltheater mit seiner klassizistischen Fassade und dem Doppeldenkmal Goethes und Schillers von 1857.

Wagner (1813–1883) zum 101. Goethe-Geburtstag 1850. Erst unter Kapellmeister Richard Strauss (1864–1949), der von 1889 bis 1894 in Weimar dirigierte, hier 1893 Engelbert Humperdincks (1854–1921) Oper „Hänsel und Gretel“ und ein halbes Jahr später seine eigene Schöpfung „Guntram“ zur Uraufführung brachte, rückte die Stadt an der Ilm kurzzeitig wieder in den Blickpunkt der europäischen Musik.

In dem am 11. Januar 1908 unter Anwesenheit von Kaiser Wilhelm II. (1859–1941) und 70 Intendanten anderer Häuser eingeweihten neuen

Hoftheater fanden 1909 erstmals die „Deutschen Nationalfestspiele" statt. Sie richteten sich vor allem an die Jugend, sollten diese mit den Klassikern der Dramatik vertraut machen. Nachdem das Theater 1919 durch die hier tagende Nationalversammlung für einige Monate zur politischen Bühne geworden war, bestand bis 1924 eine fruchtbare Zusammenarbeit mit dem →*Bauhaus.* Ab 1930 erfolgte schrittweise die Vereinnahmung durch die Ideologie des →*Nationalsozialismus.* Im Herbst 1944 geschlossen, wurde es bis zur amerikanischen Bombardierung am 9. Februar 1945 als Rüstungsfabrik genutzt. Nachdem es als erstes deutsches Theater nach dem II. Weltkrieg wieder aufgebaut und am

Schlussszene aus „Hanneles Himmelfahrt". Das Bühnenbild schuf Alf Björn (1896–1942).

28. August 1948 mit Goethes „Faust I" wieder eröffnet worden war, verlieh man hier 1949 dem Schöpfer des Romans „Lotte in Weimar" von 1939, Thomas Mann (1875–1955), die Ehrenbürgerwürde und den Goethe-Nationalpreis. Zu DDR-Zeiten blieb das Deutsche Nationaltheater eine Stätte wichtiger Klassiker-Inszenierungen. Dazu trug der seit 1960 hier wirkende Regisseur Fritz Bennewitz (1926–1995) bei. Unter den Operndirektoren Harry Kupfer (geb. 1935) und Erhard Warneke (geb. 1934) erwarb man sich zwischen 1966 und 1999 auch im Musiktheater international Anerkennung.

2002 konnte die Fusion mit dem Theater Erfurt abgewendet und die Eigenständigkeit des Hauses als Drei-Sparten-Theater (Tanztheater als Gastspielprogramm) bewahrt bleiben. Seit 1. Januar 2008 firmieren das Deutsche Nationaltheater und die Staatskapelle Weimar (einziges A-Orchester Thüringens), die mit ihren mehr als 500 Jahre nachweisbaren Wurzeln zu den ältesten Kapellen der Welt zählt, als Staatstheater Thüringen. Generalintendant ist seit 2000/01 der Schweizer Stephan Märki (geb. 1955).

Dichter und Schriftsteller

Zum klassischen Viergestirn von Weimar zählen neben →***Johann Wolfgang von Goethe*** und →***Friedrich von Schiller*** auch ***Christoph Martin Wieland*** (1733–1813) und **Johann Gottfried Herder** (1744–1803). Wieland, der mit „Der teutsche Merkur" eine eigene literarische Zeitschrift herausgab und ein umfangreiches Werk hinterließ, gilt als einer der bedeutendsten Schriftsteller der Aufklärung im deutschen Sprachgebiet, begründete die Tradition des deutschen Bildungsromans. Mitarbeiter Wielands und dessen Schwiegersohn wurde der österreichische Aufklärer **Carl Leonhard Reinhold** (1757–1823). **Heinrich von Kleist** (1777–1811) war 1802/03 Gast Wielands auf dessen Gut Oßmannstedt. Herder kam 1776 als Generalsuperintendent des Herzogtums Sachsen-Weimar in die Residenz, wurde später Pastor primarius an der →*Kirche St. Peter und Paul,* Oberhofprediger, Oberkonsistorial- und Kirchenrat. Er prägte die deutsche Literatur durch bedeutende philosophische Schriften wie seine „Ideen zur Philosophie der Geschichte der Menschheit". Weimar war die Geburtsstadt des **Bernhard von Zech** (1649–1720), der Minister am

Das Bronzestandbild Wielands von Hanns Gasser (1817–1868) steht seit 1857 auf dem Wielandplatz.

Das Porträt von Johann Gottfried Herder schuf Friedrich August Tischbein (1750–1812).

Dresdner Hof wurde und Arbeiten wie „Das sich selbst nicht kennende Sachsen“ schuf. Der Name **Johann Carl August Musäus** (1735–1787) ist durch sein gleichnamiges Wohnhaus am Kegelplatz ein Begriff, das seit 1984 eine Gedenkstätte für den evangelischen Theologen und „Urwald-Arzt“ Albert Schweitzer (1875–1965) beherbergt. Musäus schrieb in Vergessenheit geratene Romane wie „Grandison der Zweite“ und gab fünf Bände „Volksmärchen der Deutschen“ heraus. Auch der ermordete Dramatiker **August von Kotzebue** (1761–1819) ist ein Sohn Weimars. Von 1798 bis 1800 weilte der durch seinen „Hesperus“ berühmte **Jean Paul** (1763–1825) auf Einladung der Charlotte von Kalb (1761–1843) in der Residenz und soll hier zahlreiche erotische Verwicklungen hervorgerufen haben. Fast hätte der große deutsche Dramatiker **Friedrich Hebbel** (1813–1863) um 1858 in Weimar seinen Wohnsitz genommen. Enttäuscht verließ **Hoffmann von Fallersleben** (1798–1874) im Jahre 1860 das Ilm-Athen. Sogenannte Entsagungsromane und Reiseberichte verfasste **Johanna Schopenhauer** (1766–1838). Die Mutter von Philosoph **Arthur Schopenhauer** (1788–1860) lebte von 1806 bis 1829 in Weimar, unterhielt hier einen Salon, in dem Goethe ihren Sohn traf. Weniger als Übersetzer des „Don Quichotte“ und Schriftsteller, mehr als Unternehmer, Mäzen und Verleger der „Allgemeinen Literatur-Zeitung“ oder des „Bilderbuchs für Kinder“ in zwölf Bänden blieb **Friedrich Justin Bertuch** (1747–1822) in Erinnerung. Von **Christian August Vulpius** (1762–1827) kennt man nur noch einen Roman: „Rinaldo Rinaldini, der Räuberhauptmann". Mit dem Weihnachtslied „O du fröhliche" verewigte sich Publizist **Johannes Daniel Falk** (1768–1826) in

Friedrich Justin Bertuch war Schriftsteller, Unternehmer und Mäzen. 1809 porträtierte ihn Gerhard von Kügelgen (1772–1820).

den Gesangsbüchern. Die Niederschrift seiner „Gespräche mit Goethe in den letzten Jahren seines Lebens" machten den Goethe-Vertrauten **Johann Peter Eckermann** (1792–1854) literarisch unsterblich. Freundschaftliche Beziehungen pflegte Eckermann zum dänischen Märchendichter **Hans Christian Andersen** (1805–1875), der 1844 und 1846 Weimar besuchte. Mit scharfzüngigen Formulierungen und Indiskretionen über die Klassiker in „Literarische Zustände und Zeitgenossen" hinterließ **Karl August Böttiger** (1760–1835) ein Sittengemälde des alten Weimar. Vielseitig ist das Werk des in Weimar geborenen Bibliothekars und Archivars **Ludwig Bechstein** (1801–1860), dem wir auch das „Deutsche Märchenbuch" verdanken. Lebenslang blieb **Adelheid von Schorn** (1841–1916, „Lieder und Sprüche") der Stadt verbunden. Als ein Hauptvertreter des gründerzeitlichen Historiendramas gilt der 1907 nach Weimar gezogene und auf dem Historischen →*Friedhof* bestattete **Ernst von Wildenbruch** (1845–1909). Im Jahre 1909 gründete **Gustav Kiepenheuer** (1880–1949) in Weimar seinen bekannten Verlag. Die Quellen der Weimarer Klassik erschloss mit Titeln wie „Damals in Weimar" seinen Lesern **Wilhelm Bode** (1862–1922). Frauen-Romane machten die in Weimar geborene **Helene Böhlau** (1859–1940), die Tochter von Verleger **Hermann Böhlau** (1826–1900), bekannt. Lokalhistorische Darstellungen verfasste der Direktor der Thüringischen Landesbibliothek **Werner Deetjen** (1877–1939). Ein durch seine Nähe zur Ideologie der Nationalsozialisten nicht unumstrittener Literat und völkischer Literaturhistoriker war **Adolf Bartels** (1862–1945), der sich 1895 in Weimar niederließ und seine „Geschichte der deutschen Literatur" verfasste. Weimar war die letzte Station im Leben von →***Friedrich Nietzsche*** (1844–1900). Mehrfach weilten **Rainer Maria Rilke** (1875–1926) sowie **Thomas Mann** (1875–1955), der Autor von „Lotte in Weimar", in der Stadt. Mann erhielt 1949 im →*Deutschen Nationaltheater* die Ehrenbürgerwürde. Von 1937 bis 1945 war KPD-Funktionär **Bruno Apitz** (1900–1979) Häftling im →*Konzentrationslager Buchenwald*. Diese Zeit verarbeitete er im Roman über die Rettung des Buchenwaldkindes „Nackt unter Wölfen". 1961 wurde er Ehrenbürger. Das Zusammentreffen des polnischen „Dichterfürsten" **Adam Mickiewicz** (1798–1855) mit Goethe beschreibt der seit 1954 bis zu seinem Tode als Stellvertretender Direktor der Nationalen Forschungs- und Gedenkstätten in Weimar tätige **Louis Fürnberg** (1909–1957) in der Novelle „Die Begegnung in Weimar". In der DDR zählte **Harry Thürk** (1927–2005) mit seinen Antikriegs- und Kriminalromanen zu den meistgelesenen deutschen Autoren der Nachkriegszeit. Mit dem Buch „Entscheidung an der Wolga" legte Oberbürgermeister und Ehrenbürger **Luitpold Steidle** (1898–1984) einen wichtigen Augenzeugenbericht der Kriegsgeneration vor. Weimar war auch Wirkungsort von **Paul Quensel** (1865–1951), **Herrmann Klaus** (1903–1972), **Fritz Kühnlenz** (1906–1975) und **Jutta Hecker** (1904 – 2002), der man 1994 die Ehrenbürgerwürde verlieh. Der Essayist **Edwin Redslob** (1884–1973) sowie der Schriftsteller und Kunstsammler **Lothar-Günther Buchheim** (1918–2007) wurden in der Stadt an der Ilm geboren. Heute lebt hier z. B. der Lyriker und Prosaist **Wulf Kirsten** (geb. 1934).

Ehringsdorfer Urmensch

Die Ur- und Frühgeschichte der Weimarer Mulde ist durch einen sensationellen, etwa 200 000 Jahre alten Schädelfund belegt. Am 21. September 1925 stießen der Steinbruchbesitzer und Fossilien-Sammler Robert Fischer (1882–1959) sowie der Kustos am Museum für Urgeschichte Armin Möller (1865–1938) im 1898 gegründeten Travertinbruch der Gebrüder Fischer im Weimarer Stadtteil Ehringsdorf auf die fossilen Überreste des Schädeldachs einer etwa 20- bis 30-jährigen Frau aus der Altsteinzeit. Möller, der sich Verdienste um die Bergung von Großsäugern, Menschenresten und Steingeräten aus dem Travertin erwarb, hatte bereits 1907 in Ehringsdorf eine Feuerstelle der „alten weimarischen Elefantenjäger" entdeckt. Travertine sind Süßwasserkalke des Eiszeitalters, welche sich in Ehringsdorf auf 0,6 Quadratkilometer bis zu 20 Meter auftürmen und vom 18. Jahrhundert bis 1975 u. a. für die Branntkalkgewinnung abgebaut wurden.

Der Hominiden-Fund wird heute dem archaischen Homo sapiens (Altmensch) zugeordnet. Dieser direkte Vorläufer des Homo sapiens lebte wohl gleichzeitig mit dem Neandertaler. Der Schädel ist im Weimarer Museum für Ur- und Frühgeschichte Thüringens, Humboldtstraße 11, ausgestellt, das im 1790 erbauten Poseckschen Hof an der Amalienstraße seinen Sitz hat.

Diese Figurine im Museum für Ur- und Frühgeschichte zeigt, wie die älteste bekannte Weimarerin ausgesehen haben könnte.

Friedhöfe

Westlich und südwestlich an den Historischen Friedhof schließt sich der 1862 teilweise parkartig angelegte **Hauptfriedhof** an. Im älteren Teil befindet sich u. a. die Grabstelle von Hofkapellmeister Eduard Lassen (1830–1904), an der Mauer zum Historischen Friedhof ruhen die Ehrenbürger Friedrich Preller (1804–1878, Kunstmaler) und Louis Döllstädt (1843–1912, Kaufmann). Am Ende des Hauptweges steht die 1905 errichtete neue Kapelle. 1911 baute man hier ein Leichenhaus mit unterirdischem Krematorium, über dem ein neuromanischer Säulentempel steht.

Schmuckvolles Grabdenkmal auf dem Weimarer Hauptfriedhof.

Der **Historische Friedhof** an der Karl-Haußknecht-Straße wurde nach der Schließung des Jakobskirchhofs 1818 eingeweiht. Dominierend sind die 1822/27 als →*Fürstengruft* erbaute letzte Ruhestätte für →*Johann Wolfgang von Goethe* (1749–1832) und →*Friedrich von Schiller* (1759–1805) sowie die Russisch-Orthodoxe Kapelle von 1859 (siehe →*Kirchen*). Viele der Gräber sind eng mit dem Weimarer Kultur- und Geistesleben verknüpft. Ein besonderes Kunstwerk stellt die Ruhestätte der Familie Goethe mit der Alma von Goethe (1827–1844) verkörpernden schlafenden Mädchengestalt in Marmor von Bildhauer Jens Adolph Jerichau (1816–1883) dar. Der 1168 mit dem Bau der Jakobskirche entstandene **Jakobskirchhof** zwischen Friedensstraße und Großer Kirchgasse ist Weimars ältester christlicher Begräbnisplatz (1818 geschlossen). Im 1715 errichteten, 1854 abgerissenen und 1913 erneut aufgebauten Kassengewölbe an der Südseite war Schillers erste Begräbnisstelle. An der heutigen Leibnitzallee/Ecke Musäusstraße bestand seit 1774 ein jüdischer Gottesacker. Den seit 1890 verwilderten **Jüdischen Friedhof** hat man 1983 wieder hergestellt. In **Oberweimar** (Martin-Luther-Straße) besteht seit 1585 ein Gottesacker, der im Pestjahr 1598 erweitert wurde. Zudem befinden sich im →*Park an der Ilm* und im Park von →*Schloss Belvedere* **Friedhöfe für Angehörige der sowjetischen Armee**.

Ruhestätte der Familie Goethe auf dem Historischen Friedhof. Die schlafende Mädchengestalt stellt Enkelin Alma von Goethe dar. Sie starb an Typhus.

Fürstengruft

Weniger die ursprüngliche Zweckbestimmung als letzte Ruhestätte für Mitglieder des →*Fürstenhauses Sachsen-Weimar-Eisenach,* mehr die hier ruhenden Gebeine von →*Johann Wolfgang von Goethe* (1749–1832) und der heute allerdings für unecht erkannte Schädel →*Friedrich von Schillers* (1759–1805) machen die 1823/26 erbaute Weimarer Fürstengruft auf dem Historischen →*Friedhof* zu einer Pilgerstätte der deutschen Klassik. 1774 hatte der Brand des Weimarer Residenzschlosses das regierende Haus seiner Grablege beraubt. Erst 39 Jahre später beauftragte Großherzog Carl August (1757–1828) seinen Baumeister Clemens Wenzeslaus Coudray (1775–1845) mit einer neuen Gruftanlage auf dem 1818 eingerichteten

Eingang zur 1823 bis 1826 erbauten Fürstengruft. Von der Eingangshalle gelangt man über Treppenstufen in die unterirdische Grablege.

Friedhof. Das quadratische Gebäude mit Zeltdach, achteckiger Laterne und dorischem Portikus zählt zu den hervorragenden Beispielen klassizistischer Architektur der Stadt. Den Innenraum krönt die mit einem Sternenhimmel ausgemalte Kuppel. Zum Hinablassen der Särge dient die ovale Öffnung im Fußboden. Besucher gelangen über eine seitliche Treppe in das unterirdische Grabgewölbe. Bereits 1824 brachte man die erhaltenen 26 Särge der Fürsten-Familie hierher. Die Aufstellung erfolgte chronologisch, begann mit dem Stammvater der neuen ernestinischen Linie, Herzog Wilhelm IV. (1598–1662), und endete mit Herzog Ernst August Constantin (1737–1758). Am 16. Dezember 1827 erfolgte auf Anregung von Bayern-König Ludwig I. (1786–1868) die Umbettung der vermeintlichen Gebeine Friedrich von Schillers in die Fürstengruft. Seit ihrer Bergung aus dem Kassengewölbe 1826 hatten sie in der Bibliothek gelagert. Ebenfalls in einem Eichensarg fand am 26. März 1832 Johann Wolfgang von Goethe neben Schiller seine letzte Ruhestätte. Die 1860/62 erbaute Russisch-Orthodoxe Kapelle schmiegt sich unmittelbar südlich an die Fürstengruft an. Damit der Sarkophag von Großherzogin Maria Pawlowna (1786–1859) zwar unterhalb des orthodox geweihten Gotteshauses, aber trotzdem bei dem ihres Gemahls Großherzog Carl Friedrich (1783–1853) zu stehen kam, verband man die Grabgewölbe mittels eines Durchbruchs der Grundmauern. Neben den Särgen von Goethe und Schiller beherbergt die Gruft heute jene von 41 Mitgliedern der fürstlichen Häuser Sachsen-Weimar und Sachsen-Weimar-Eisenach. Zehn von ihnen (acht Kinder- und zwei Erwachsenensärge) wurden 1994 umgebettet, in die Gewölbekammer unter der Treppe.

Die Särge Goethes und Schillers in der Fürstengruft. Erst 2008 wurde klar, dass die Gebeine nicht von Friedrich von Schiller stammen.

Fürstenhaus Sachsen-Weimar-Eisenach

Eine alte Dynastie legte den Grundstein für die historische und kulturelle Bedeutung Weimars – das Fürstenhaus Sachsen-Weimar-Eisenach! Früheste Ahnen dieser hochadligen Familie benannten sich nach der Burg Wettin auf einem Porphyrfels 20 Kilometer nordwestlich von Halle. Als Markgrafen konnten sie über Jahrhunderte ihre Ländereien in Mitteldeutschland vermehren. 1423 gelang es Friedrich dem Streitbaren (1370–1428), vom Kaiser mit dem Herzogtum Sachsen-Wittenberg belehnt zu werden. Dies verschaffte den Wettinern die Kurwürde und den Landesnamen Sachsen. Zum Ende des 15. Jahrhunderts waren sie nach den Habsburgern die mächtigsten Fürsten des deutschen Reiches. Vor allem, als in Weimar Herzog Wilhelm III. (1425–1482) ohne männliche Erben starb, das von ihm regierte Thüringen an die Hauptlinie der Wettiner zurückfiel. Auf dem Höhepunkt ihrer größten territorialen Machtentfaltung kam es am 11. November 1485 in Leipzig zur verhängnisvollen Spaltung des Besitzes. Seitdem existieren die Wettiner in einer albertinischen und einer ernestinischen Linie fort. Unter den Ernestinern kam es durch unglückliche Erbregelungen zu weiteren Landes-Teilungen und zur Entstehung der thüringischen Kleinstaaten wie Weimar. Als

Das prächtige Wappen des Großherzogtums Sachsen-Weimar-Eisenach.

Anna Amalia von Sachsen-Weimar-Eisenach, porträtiert von Johann Georg Ziesenis (1716–1776).

Carl August von Sachsen-Weimar-Eisenach im Jahre 1795. Das Gemälde schuf Johann Friedrich August Tischbein (1750–1812).

Begründer des weimarischen Stammes gilt Herzog Wilhelm IV. (1598–1662), der 28-jährig das Amt des Herzogs im seit 1572 bestehenden Herzogtum Sachsen-Weimar übernahm. Schon seine Söhne teilten das kleine Land wieder. 1741 fiel das Herzogtum Sachsen-Eisenach an Sachsen-Weimar. Erster Landesherr im vereinten Land war Herzog Ernst August (1688–1748). Der exzentrische Fürst ließ u. a. das Schloss →*Belvedere* errichten. Sein Sohn Ernst August II. Constantin (1737–1758) regierte nur drei Jahre. Von besonderer Bedeutung für Weimars geistig-kulturelle Atmosphäre wurde seine Frau Anna Amalia (1739–1807), die für ihren Sohn Carl August (1757–1828) bis 1775 die Regentschaft übernahm, Christoph Martin Wieland (1733–1813) als Erzieher an den Hof rief und eine →*Tafelrunde* von Intellektuellen und →*Dichtern* um sich vereinte. Unter Carl August, ab 1815 Großherzog von Sachsen-Weimar-Eisenach,

Großfürstin Maria Pawlowna heiratete 1804 in das Weimarer Fürstenhaus ein.

entstand der berühmte Kreis der →*Weimarer Klassik.* Erbprinz Carl Friedrich (1783–1853), der spätere Großherzog, wurde 1804 mit der russischen Großfürstin Maria Pawlowna (1786–1859), der Schwester von Zar Alexander I. Pawlowitsch (1777–1825), vermählt. Der Fürsprache des Zaren verdankte Carl August beim Wiener Kongress 1815 sowohl die Erhebung zum Großherzog als auch die Vergrößerung des Landes. Der vermögenden, politisch einflussreichen und Musik liebenden Maria Pawlowna, deren Leichnam in der Russisch-Orthodoxen Grabkapelle neben der →*Fürstengruft* ruht, verdankt Weimar die Stiftung von sechs →*Brunnen.* Sie finanzierte Musiker wie →*Franz Liszt* (1811–1886), unterstützte z. B. die Uraufführung von Richard Wagners (1813–1883) „Lohengrin" und leitete damit das sogenannte „Silberne Zeitalter" Weimars ein. Nächster Großherzog war der kunstinteressierte Carl Alexander (1818–1901), der u. a. die verfallene Wartburg im Stil des Historismus renovieren ließ. 1842 vermählte er sich mit der Prinzessin der Niederlande, Sophie (1824–1897). Nachdem ihr Walther Wolfgang von Goethe (1818–1885), der Enkel und letzte Nachkomme des Dichterfürsten, den literarischen Nachlass und die Korrespondenz seines Großvaters vermacht hatte, veranlasste sie den Bau des →*Goethe-Nationalmuseums.* 1889 kam auch noch Schillers Nachlass in ihren Besitz, was sie zum Bau des →*Goethe- und Schiller-Archivs* inspirierte. Letzter Monarch des Kleinstaates, der seit 1903 Großherzogtum Sachsen hieß, war der zweimal verehelichte Großherzog Wilhelm Ernst von Sachsen-Weimar-Eisenach (1876–1923). Wilhelm Ernst, der u. a. den Belgier Henry van de Velde (1863–1957) in die Stadt holte, mit dem Hoftheaterbau von 1908 das spätere →*Deutsche Nationaltheater* errichten ließ und die Altstadt durch eine Denkmalsatzung schützte, schuf das neue Weimar. Bei der erzwungenen Abdankung am 9. November 1918 verzichtete Wilhelm Ernst nicht nur für sich, sondern auch für seine Familie und sogar „für alle Zeit" auf den Thron und die Thronfolge. Ein 1923 vom Land Thüringen angenommener Vertrag mit der Familie regelte den Ausgleich von Kunstschätzen, Immobilien und Ländereien sowie eine jährliche Rente. Die exilierte Familie lebte bis zur erneuten Vertreibung 1945 auf ihrem schlesischen Besitz Heinrichau südlich von Breslau. Heutiger Chef des Hauses ist der in Mannheim lebende Michael-Benedikt Prinz von Sachsen-Weimar-Eisenach (geb. 1946), der 2004 mit dem Freistaat Thüringen einen Kompromiss erzielte: Seine erbberechtigte Tochter Leonie Prinzessin von Sachsen-Weimar-Eisenach (geb. 1986) erhielt 15,5 Millionen Euro und verzichtet damit auf Rückführung bedeutender Werke des Weltkulturerbes (geschätzter Umfang 500 bis 600 Mio. Euro) in den Privatbesitz.

Großherzog Wilhelm Ernst von Sachsen-Weimar-Eisenach musste 1918 abdanken.

Johann Wolfgang von Goethe

Der wohl bedeutendste deutsche Dichter und Weltliterat wurde am 28. August 1749 in Frankfurt am Main geboren. Doch sein Leben und Wirken sind untrennbar mit Weimar und dem →*Fürstenhaus Sachsen-Weimar-Eisenach* verbunden. Goethe, der sich auch Göthe schrieb, hatte 1765 bis 1768 in Leipzig Jura studiert und nebenbei u. a. Lieder, eine Oper, ein biblisches Drama und eine Komödie verfasst. Nach krankheitsbedingter Unterbrechung wurde das Studium in Straßburg fortgesetzt, wo er 1771 durch eine Disputation das Lizenziat erhalten konnte. Die Promotion zum Doktor war nicht von Erfolg gekrönt und an der vier Jahre mehr oder weniger neben der Dichtung ausgeübten Advokatentätigkeit in Frankfurt verlor er bald die Lust. Schon Ende 1771 entstand sein Drama „Götz von Berlichingen". Nach einem juristischen Praktikum am Reichskammergericht in Wetzlar im Jahre 1772 gelangen ihm in einer produktiven Schaffensperiode Hymnen wie „Mahomets Gesang" oder „Ganymed und Prometheus". Bislang eher ein Geheimtipp der Literaturszene, erlangte Goethe mit dem Briefroman „Die Leiden des jungen Werthers" internationale Berühmtheit, ja Weltgeltung als Genie. Mit Goethe, dem neuen Stern am Literaturhimmel, schloss 1774 auch ein Adeliger auf Kavalierstour nach Paris Bekanntschaft: der 17-jährige Erbprinz Carl August von Sachsen-Weimar (1757–1828), welcher im folgenden Jahr Landesfürst wurde. Der nunmehrige Herzog Carl August lud den Dichter sofort als Regierungsberater nach Weimar ein, wo Goethe am 7. November 1775 eintraf. Rasch übertrug er ihm eine Vielzahl von Aufgaben und Funktionen: Geheimer Legationsrat im Geheimen Consilium als Berater des Souveräns (seit 11. Juni 1776), Verantwortlicher für den Ilmenauer Bergbau (seit 1777), Leiter der Kriegskommission, Direktor des Wege- und Wasserbaus (seit 1779), Leiter der obersten Finanzbehörde, der „Kammer" (seit 1782). Auch in Kultusfragen war er tätig – faktisch leitete Goethe das Kabinett. 1779 verlieh man ihm den Titel „Geheimer Rat" und 1782 erfolgte die Erhebung in den Adelsstand. Im Juni 1782 zog er auch in das als →*Goethes Wohnhaus* bekannte Anwesen am Frauenplan ein. Des Doppellebens als Politiker und Poet überdrüssig, flüchtete Goethe im September 1786 auf eine fast zweijährige Reise durch Italien. Hier schloss er „Iphigenie auf Tauris" ab, vollendete den „Egmont". U. a. die Eindrücke bei der Besteigung von Vesuv und Ätna bewirkten eine Hinwendung zur Naturwissenschaft. Der Herzog stimmte zu, dass er sich nach der Reise aus dem Geheimen Consilium zurückzog und amtliche Verpflichtungen im Wesentlichen aufgab.

Fortan lebte Goethe in Weimar das Leben des Dichterfürsten, betätigte sich auf kulturellem und wissenschaftlichem Gebiet. Dazu gehörten sein Engagement für die Universität Jena, für die Bibliotheken in Jena und Weimar sowie die Freie Zeichenschule. Im Rang eines Staatsministers übte er bis zu seinem Tode die „Oberaufsicht über die unmittelbaren Anstalten für Wissenschaft und Kunst in Weimar und Jena" aus. Zudem leitete Goethe von 1791 bis 1817 das Hoftheater, einen Vorläufer des →*Deutschen Nationaltheaters*.

Goethe war nicht nur ständiger Gast an der Hoftafel und der →*Tafelrunde* um die Herzogin-Mutter Anna Amalia (1739–1807) – er war seit 1780 auch Freimaurer in der Loge „Anna Amalia zu den drei Rosen", fand 1783 Aufnahme in den Illuminatenorden „Abaris" und gründete 1791 die sechs Jahre bestehende Freitagsgesell-

Der junge Johann Wolfgang von Goethe. Um 1775 malte ihn Georg Melchior Kraus (1737 – 1806) in dieser oft kopierten Pose.

Die Urfassung dieses Porträtgemäldes schuf Joseph Karl Stieler (1781–1858) im Jahre 1828.

schaft. Erst der 1794 geschlossene Freundschaftsbund mit →*Friedrich von Schiller* (1759–1805) begründete die sogenannte →*Weimarer Klassik.* Beide nahmen schöpferisch Anteil an der Arbeit des anderen – Schiller z. B. bei Goethes „Wilhelm Meisters Lehrjahre". Von besonderer Bedeutung wurde in Goethes erstem Weimarer Jahrzehnt die Liebe zu der sieben Jahre älteren Charlotte von Stein (1742–1827). Sie war nicht nur seine Muse. Unter ihrem Einfluss soll Goethe vom ungestümen „Stürmer und Dränger" zu einer disziplinierten Persönlichkeit gereift sein. 1788 nahm Goethe seine Geliebte, die 23-jährige Christiane Vulpius (1765–1816), die sich als Kunstblumenarbeiterin Geld verdiente, in sein Haus auf. Am 25. Dezember 1789 wurde der gemeinsame Sohn August geboren, den der Vater 1801 legitimieren ließ. Erst am 19. Oktober 1806 setzte Goethe Christiane durch Trauung in die Rechte einer Ehefrau ein. Goethe, der viele Genesungskuren unternahm, begegnete 1812 in Teplitz auch Ludwig van Beethoven (1770–1827). Als bedeutendste Leistung des späten Dichters gelang ihm neben der ersten Fassung von „Wilhelm Meisters Wanderjahre" (1821) die Vollendung seines „Faust", der 1829 seine Uraufführung erlebte (1831 Abschluss von „Faust II"). Am 22. März 1832 starb Goethe, der wohl bereits 1823 einen Herzinfarkt erlitten hatte, an den Folgen eines weiteren Herzinfarktes in seinem Haus am Frauenplan. Der Leichnam wurde am 26. März in der →*Fürstengruft* beigesetzt.

Goethes Gartenhaus

Romantische Wohn- und Arbeitsstätte von →*Johann Wolfgang von Goethe* (1749–1832) war sein Gartenhaus im →*Park an der Ilm.* Schon wenige Monate nachdem er in Weimar angekommen war, schenkte ihm Her-

Das idyllische Grundstück mit Häuschen im Park an der Ilm bekam Goethe von Herzog Carl August im April 1776 geschenkt.

zog Carl August (1757–1828) das abgelegene Grundstück am östlichen Ilmhang. Damit diese außerordentliche Gunstbezeugung nicht öffentlich wurde, trug der Kaufvertrag Goethes Namen – der herzogliche Schatullenverwalter, Friedrich Justin Bertuch (1747–1822), beglich die 600 Taler in zwei Raten. Womöglich handelte es sich bei dem mit Schindeln gedeckten Häuschen um ein altes Weinbergsdomizil aus dem 16. Jahrhundert. Über sechs Jahre lang wohnte der Dichter in der von Wassergräben und Gestrüpp umgebenen Einsiedelei am Rande des lieblichen Tals, zu der nur ein Trampelpfad führte. Goethe persönlich plante die Einteilung der kleinen Wege und die Bepflanzung mit jungen Buchen, Fichten, Weimutskiefern, Zedern, Geißblatt, Jasmin, Schneeglöckchen, Veilchen, Rosen, Hyazinthen, Apfelbäumen, Spargel und Erdbeeren im eigenen Berggarten am Rosenberg. In Goethes kleinem Reich hatten die gartenkünstlerischen Ideen ihren Ursprung, denen Weimar heute den prächtigen Ilm-Park verdankt. An der Südseite des Hauses brachte Goethe 1777 sogar einen hölzernen Altan an, der später verfiel und beseitigt wurde. Parallel zu seinem Refugium besaß der Dichter jedoch auch Quartiere in der Stadt: So in den Jahren 1776 bis 1779 im Erdgeschoss des Fürstenhauses, in dem die herzogliche Familie wohnte, sowie 1779 bis 1781 in der Seifengasse neben dem Haus der Charlotte von Stein (1742–1827). Weil das beengte Gartenhaus dem gestiegenen Repräsentationsbedürfnis nicht mehr genügte und auch zu wenig Platz für Bibliothek und Sammlungen bot, mietete sich der Minister 1782 ein Bürgerhaus am Frauenplan *(→Goethes Wohnhaus).* Seinem ersten eigenen Wohnsitz blieb Goethe jedoch zeitlebens verbunden. Hier wurde er zu Gedichten wie „An den Mond“, „Rastlose Liebe“, „Jägers Abendlied“ und „Hoffnung“ inspiriert, entstanden Teile der „Iphigenie auf Tauris“, Entwürfe zu den Dramen „Egmont“ und „Torquato Tasso“, spätere Teile der „Italienischen Reise“ und von „Wilhelm Meisters Wanderjahren“. Zum letzten Mal hielt er sich am 20. Februar 1832 hier auf. Das zur Klassik Stiftung Weimar gehörende Gartenhaus von Goethe ist heute als Museum eingerichtet.

Goethes Wohnhaus und Goethe-Nationalmuseum

Zentrum der weltweiten Verehrung für →*Johann Wolfgang von Goethe* (1749–1832) ist das barocke Bürgerhaus von 1709 am Frauenplan, welches der Dichter mit Unterbrechungen über 50 Jahre lang bis zu seinem Tod bewohnte. Im Frühsommer 1782 zog der Minister von Herzog Carl August (1757–1828) hier für 36 Taler pro Quartal als Mieter ein. Mit Urkunde vom 17. Juni 1794 machte der Herzog Goethe die Immobilie dann zum Geschenk. Der Hausherr regte den Umbau nach seinen Bedürfnissen, u. a. mit der großen Treppe im Vorderhaus, an und verlegte den eigentlichen Wohn- und Arbeitsbereich in die niedrigen Kammern des Hinterhauses. Das Vorderhaus mit der Flucht geräumiger Zim-

Das barocke Bürgerhaus am Frauenplan bewohnte Johann Wolfgang von Goethe von 1782 bis zu seinem Tode 1832.

Auch die zauberhaften Kleinode im Garten von Goethes Wohnhaus sind einen Besuch wert.

mer diente dem gesellschaftlichen Verkehr, der Aufbewahrung von Sammlungen und Kunstgegenständen. Am Lebensende hatte Goethe über 50 000 Gegenstände, darunter etwa 18 000 Steine, fast 5000 Exponate aus diversen Wissenschaftsdisziplinen (z. B. Anatomie, Botanik, Farbenlehre, Physik, Zoologie), 11 691 Grafiken und Zeichnungen, 13 697 geschnittene Steine, Medaillen und Münzen, 348 Kleinplastiken, 293 Keramiken und Porzellane zusammengetragen. Dazu seine Manuskripte, Korrespondenzen, Zeitschriften und die Bibliothek mit mehr als 6500 Bänden. Zum Haus gehörte ein 1575 Quadratmeter großer Garten mit Pavillons, Gemüsebeeten, Beerensträuchern und Obstbäumen. Aus der Goethe-Zeit erhielten sich Rosenstöcke, ein ungarischer Weinstock am Hinterhaus und die 1817 gepflanzte Cornus-Hecke. Die Größe des Hausstandes machte es unerlässlich, dass man über die Jahre diverse Privatsekretäre, Schreiber, Diener, Wagenknechte, Kutscher, Mägde, Köchinnen und anderes Personal beschäftigte. Im Haus lebte auch die Familie, zu der Goethes Frau Christiane (1765–1816) und ihr gemeinsamer Sohn August (1789–1830) gehörten. Dieser vermählte sich 1817 mit Ottilie von Pogwisch (1796–1872). Ihre als wenig glücklich beschriebene Verbindung brachte drei Kinder hervor, die ohne Nachkommen starben: Walther Wolfgang von Goethe (1818–1885), Wolfgang Maximilian von Goethe (1820–1883) und Alma Sedina von Goethe (1827–1844). Walther von

Goethe vermachte die Liegenschaften und Sammlungen dem Sachsen-Weimarischen Staat, den literarischen Nachlass und die Korrespondenzen seines Großvaters hingegen Großherzogin Sophie von Sachsen-Weimar-Eisenach (1824–1897). 1886 machte man Goethes Wohnhaus mit der originalgetreuen Ausstattung des Dichterfürsten erstmals der Öffentlichkeit zugänglich. 1945 schwer beschädigt und 1949 wieder eröffnet, ist das Haus heute weitgehend im Zustand aus Goethes letzten Lebensjahren zu be-

In einer Remise steht Goethes Reisewagen, mit welchem der Dichter längere Strecken bewältigte.

Blick in einen der geschmackvoll eingerichteten Salons in Goethes Wohnhaus.

sichtigen. 1885 wurde hier auch das Goethe-Nationalmuseum gegründet. Goethes Wohnhaus erhielt dafür 1913 und 1935 größere Anbauten zur besseren Präsentation und Archivierung der Exponate. Das heute zur Klassik Stiftung Weimar gehörende Goethe-Nationalmuseum umfasst neben Goethes Wohnhaus mit Hausgarten die ständige Ausstellung.

Goethe- und Schiller-Archiv

Das der Klassik Stiftung Weimar untergeordnete Goethe- und Schiller-Archiv ist das älteste und traditionsreichste deutsche Literaturarchiv. Es entstand im Jahre 1885 als Goethe-Archiv. Walther Wolfgang von Goethe (1818–1885), der letzte Enkel von →*Johann Wolfgang von Goethe* (1749–1832), vermachte den handschriftlichen Nachlass und die Korrespondenzen seines Großvaters Großherzogin Sophie von Sachsen-Weimar-Eisenach (1824–1897). Nachdem im Jahre 1889 die Familie von Gleichen-Rußwurm – der Schiller-Enkel Ludwig von Gleichen-Rußwurm (1836–1901) gehörte dem Kreis der Weimarer Malerschule an – das Erbe von Friedrich von Schiller (1759–1805) übergeben hatte, erweiterte man das Goethe-Archiv zum Goethe- und Schiller-Archiv. Den von Großherzogin Sophie angeregten neoklassizistischen Bau des Archivgebäudes an der Hans-Wahl-Straße vollendete Architekt Otto Minkert (1845–1900) bis 1896. Dem kleinen Lustschloss von Versailles nachempfunden, wurde er in Berkaer Sandstein ausgeführt. Als Stätte philologischer Arbeit und herausragender wissenschaftlicher Texteditionen gab man bereits in den Jahren 1897 bis 1919 die Weimarer Sophien-Ausgabe der Werke Goethes in 143 Bänden heraus. Die Schatzkammer der bedeutendsten deutschen Dichter und Denker besitzt heute über 120 persönliche Archivbestände, hauptsächlich Nachlässe von Schriftstellern, Gelehrten, Philosophen, Komponisten und bildenden Künstlern, 11 Bestände institutioneller Herkunft sowie eine umfangreiche Autographensammlung, in der ca. 3000 Autoren vertreten sind. Neben den Archivalien von Goethe und Schiller sind hier z. B. literarische Hinterlassenschaften folgender Persönlichkeiten aufbewahrt: von Christoph Martin Wieland (1733–1813), Johann Gottfried Herder (1744–1803), Ludwig Achim (1781–1831) und Bettina von Arnim (1785–1859), Karl Immermann (1796–1840), Heinrich Heine (1797–1856), Ferdinand Freiligrath (1810–1876), Fritz Reuter (1810–1874), Otto Ludwig (1813–1865), Friedrich Hebbel (1813–1863), Georg

Büchner (1813–1837), Gustav Freytag (1816–1895), von den Goethe-Freunden und Mitarbeitern Karl Ludwig von Knebel (1744–1834), Karl Friedrich Zelter (1758–1832), Friedrich Wilhelm Riemer (1774–1845) und Johann Heinrich Meyer (1760–1832), des Weimarer Verlegers und Unternehmers Friedrich Justin Bertuch (1747–1822), von Franz Liszt (1811–1886) und Friedrich Wilhelm Nietzsche (1844–1900). Dazu kommen Bestände des Allgemeinen Deutschen Musikvereins, der Deutschen Schiller-Stiftung, der Goethe-Gesellschaft und des Insel Verlags Leipzig.

Seit 1896 ist das Goethe- und Schiller-Archiv in diesem neoklassizistischen Bau an der Hans-Wahl-Straße untergebracht.

Herzogin Anna Amalia Bibliothek

Die 1691 begründete Herzogliche Büchersammlung gehörte seit Ende des 18. Jahrhunderts zu den bekanntesten fürstlichen Bibliotheken Deutschlands. Dies ist Herzogin Anna Amalia von Sachsen-Weimar-Eisenach (1739–1807) zu verdanken, unter deren Regierungszeit die Erwerbungstätigkeit forciert wurde und die Bücher neben Büsten, Gemälden, Zeichnungen und Globen in einem ovalen, über drei Geschosse reichenden, mit Galerien umgebenen, weiß-goldenen Rokokosaal den glanzvollen Rahmen fanden. In den Jahren 1761/66 ließ Anna Amalia dafür das 1562/65 erbaute Grüne Schloss von August Friedrich Strassburger zur Bibliothek umbauen, die in gewissem Maße eine öffentliche war. 1803/04 erfolgte durch Heinrich Gentz (1766–1811) der klassizistische Südanbau. 1821/25 verband man in gotisierender Manier den Turm der Stadtbefestigung per Vorbau mit dem Bibliotheksgebäude und stellte im als Büchermagazin dienenden Turm die aus Schloss Weida stammende hölzerne Wendeltreppe mit 16 Meter hoher gedrillter Spindel auf. 1841/44 erweiterte schließlich Clemens Wenzeslaus Coudray (1775–1845) den barocken Hauptbau um zwei Achsen in nördlicher Richtung. Zu einer Verdopplung der Bestände auf rund 80 000 Bände kam es unter der Leitung von →*Johann Wolfgang von Goethe* (1749–1832), der von 1797 bis zu seinem Tode – bis 1819 gemeinsam mit Staatsminister Christian Gottlob von Voigt (1743–1819) – die Oberaufsicht ausübte. Nachdem der vermeintliche Schädel →*Friedrich von Schillers* (1759–1805)

Blick vom Park an der Ilm auf den Bibliotheksturm der Herzogin Anna Amalia Bibliothek.

Der nach dem verheerenden Brand vom 2. September 2004 bis 2007 in alter Pracht neu entstandene Rokokosaal.

exhumiert worden war, ruhte er bis zur Beisetzung in der →*Fürstengruft* vom 17. September 1826 bis 12. Dezember 1827 im Rokokosaal. 1920 wurde die Großherzogliche Bibliothek in Thüringische Landesbibliothek umbenannt. 1969 vereinte man sie unter dem Namen „Zentralbibliothek der deutschen Klassik" mit der 1954 ins Leben gerufenen Institutsbibliothek der Nationalen Forschungs- und Gedenkstätten der klassischen deutschen Literatur in Weimar. Ihren heutigen Namen „Herzogin Anna Amalia Biblio-

Die Wendeltreppe im Bibliotheksturm ist 16 Meter hoch und stammt aus der Weidaer Osterburg.

thek" trägt die Bücher-Schatzkammer seit 1991. Im Jahre 2005 kam mit dem neuen Studienzentrum (6300 Quadratmeter Nutzfläche) im gegenüberliegenden Gebäudekomplex des →*Roten und Gelben Schlosses* ein moderner Erweiterungsbau hinzu. Dessen Kernstück ist der Bücherkubus mit drei Geschossen. Weimar als kollektiver Erinnerungsort und kulturelles Gedächtnis Europas erlitt während des Großbrandes der „Herzogin Anna Amalia Bibliothek" in der Nacht vom 2. zum 3. September 2004 einen schrecklichen Verlust. Vermutlich waren eine defekte Kabelverbindung und der daraus resultierende Schwelbrand die Ursache für jene verheerende Brandkatastrophe, der 35 Kunstwerke und 50 000 Bücher des 17. und 18. Jahrhunderts zum Opfer fielen. Zudem wurden 62 000 Bände schwer beschädigt. Die Wiederaufbau-, Sanierungs- und Restaurierungsarbeiten beliefen sich auf etwa 12 Millionen Euro. Am 24. Oktober 2007 konnte die Bibliothek, die heute noch über rund 900 000 Druckschriften, 10 000 historische Landkarten, 2000 Handschriften und eine ansehnliche Sammlung von Kunstwerken verfügt, in alter Pracht der Öffentlichkeit übergeben werden.

Auch die Bibliotheksregale neben dem berühmten Rokokosaal sind mit den Schätzen der Weltliteratur gefüllt.

Hotels

Von Weimars alten Beherbergungsstätten aus der Zeit vor 1800 hat sich nur das **„Hotel Elephant"** am Markt erhalten. Es wurde 1561 erstmals erwähnt. Der Name leitete sich von einem einst das Haus schmückender Zeichen ab. Seit 1696 als Gasthaus des fürstlichen Mundschenks Christian Andreas Barittig nachweisbar, diente es einst Markthändlern benachbarter Städte als Herberge und durchreisenden Kaufleuten als Warenniederlage. In der klassischen Zeit tafelten hier alle Geistesheroen der Stadt und logierten viele bekannte Persönlichkeiten. „Vorzimmer zu Weimars lebender Walhalla" bezeichnete 1828 Franz Grillparzer (1791–1872) das Hotel, der wie viele Zeitgenossen auf seiner Deutschlandreise →*Johann Wolfgang von Goethe* (1749–1832) einen Besuch abstattete. William Makepeace Thackeray (1811–1863), der 1831 Goethe kennenlernte, machte das Hotel in seinem Roman „Jahrmarkt der Eitelkeit" zum Schauplatz einer Szene. Gäste waren u. a. auch die Literaten Jakob Michael Reinhold Lenz (1751–1791), Friedrich Maximi-

Marktansicht des 1938 völlig neu erbauten Traditions-Hotels Elephant. Seit 1696 bestand hier schon ein Gasthaus mit Herberge.

lian Klinger (1752–1831) und Ludwig Börne (1786–1836), die Genies der Musik Felix Mendelssohn Bartholdy (1809–1847), →*Franz Liszt* (1811–1886), Richard Wagner (1813–1883) und Anton Rubinstein (1829–1894). Hotelgast Thomas Mann (1875–1955) verlagerte einige Kapitel seines Romans „Lotte in Weimar" in das „Elephant". Den häufigen Besuchen Adolf Hitlers (1889–1945) und dem Wohlwollen der NS-Gauleitung verdankte das 1937 wegen Baufälligkeit abgetragene Haus seinen großzügi-

Eine Attraktion im Hotel Elephant ist der Elephantenkeller.

gen Neubau unter Architekt Hermann Giesler (1898–1987) im Jahre 1938. Mit technischen Raffinessen wie dem Autolift zum Parkhaus galt es als eines der modernsten Hotels auf dem Kontinent. Nach dem Kriege wurde das „Elephant" zur Machtzentrale der Besatzer, residierte hier der sowjetische Marschall Georgi Konstantinowitsch Schukow (1896–1974). 1955 wiedereröffnet, wurde das Haus ab 1966 als Erstes im Bezirk Erfurt der Interhotel-Kette zugeordnet. Heute gehört das „Hotel Elephant Weimar" mit seinen 99 Zimmern und Suiten zur „Luxury Collection" von „Arabella Starwood", einer weltweit agierenden Hotelgruppe.

Der **„Russische Hof“** am Goetheplatz blickt auf eine über 200-jährige Geschichte zurück. Eigentlich wurde das Hotel 1805 als „Alexanderhof“ eröffnet – als Referenz an Zar Alexander I. von Russland (1777–1825), den Bruder von Großherzogin Maria Pawlowna (1786–1859). Erst in den 1830er-Jahren bürgerte sich der heutige Name ein. Allerdings bevorzugte man während beider Weltkriege, in denen Russland deutscher Kriegsgegner war, die Bezeichnung „Fürstenhof“. Als luxuriöse Herberge des nachklassizistischen Weimar diente der „Russische Hof“ Begegnungen von Franz Liszt mit Richard Wagner. Auch Robert (1810–1856) und Clara Schumann (1819–1896) waren Gäste. Im Jahre 1870 logierte Schriftsteller Iwan Sergejewitsch Turgenew (1818–1883) hier. 1956 übernahm der damalige Landesverband Thüringen der Christlich-Demokratischen Union Deutschlands die Hotelanlage und unterzog sie 1981 bis 1988 einer umfassenden Sanierung. Seit 1996 gehört das Hotel zur Münchner Hotelgruppe „Derag Hotels & Appartement-Residenzen“ und firmiert seit 2001 mit den 20 historischen Zimmern, 6 Suiten, der Zarensuite und 99 weiteren exklusiven Zimmern als „Grand Hotel Russischer Hof zu Weimar“.

Gegenüber dem Bahnhof steht seit 1867 an der Carl-August-Allee das **„Hotel Kaiserin Augusta“** – benannt nach der Tochter Marie Luisa Augusta (1811–1890) des Großherzogs Carl Friedrich von Sachsen-Weimar-Eisenach (1783–1853) und seiner Frau Maria Pawlowna, die man 1829 mit Prinz Wilhelm von Preußen (1797–1888) vermählte und die 1861 Königin sowie 1871 Kaiserin wurde. Nach 1945 als sowjetisches Offiziersheim dienend und ab 1951 als HO-Hotel „In-

Das Portal des 1805 eröffneten Grand Hotels Russischer Hof zu Weimar.

Die Maria-Pawlowna-Suite im Grand Hotel Russischer Hof zu Weimar.

ternational" geöffnet, erhielt es nach der demokratischen Wende seinen alten Namen zurück und wird mit den 133 Zimmern und der Bach-Suite heute privat als „Ringhotel Kaiserin Augusta" geführt.

Der Weimar-Gast dieser Tage kann unter mehr als 20 Hotels unterschiedlicher Kategorien wählen. Zu ihnen gehören u. a. das **„Dorint Am Goethepark Superior"** (Beethovenplatz, 1998 eröffnet, 143 Zimmer/Suiten), das **„Romantik Hotel Dorotheenhof Weimar"** (Dorotheenhof, 1996 eröffnet, 60 Zimmer/Suiten), das **„Leonardo Hotel Weimar"** (Belvederer Allee, 1989 eröffnet, 294 Zimmer/Suiten), das **„Park Inn Weimar"** (Kastanienallee Weimar-Legefeld, 1994 eröffnet, 194 Zimmer/Suiten), das **„Comfort Hotel Weimar"** (Ernst-Busse-Str., 2002 eröffnet, 91 Zimmer), das **„Hotel Anna Amalia"** (Geleitstraße, 2002 eröffnet, 51 Zimmer).

Kirchen

Seit 1525 protestantisch, ist Weimar reich an Sakralbauten. Die älteste Kirche, die vielleicht schon im 8. Jahrhundert auf der Weimarer Burg existierte, ist die **Schlosskirche St. Martin**. 1250 wird sie als Pfarrkirche für umliegende Orte erwähnt. Mehrfach verändert und 1844/47 an der Südwestseite des →*Residenzschlosses* im byzantinischen Stil neu gebaut, findet in ihr seit langem kein geistliches Leben mehr statt. Am Herderplatz steht die **Ev.-Luth. Stadtkirche St. Peter und Paul**. Nach Johann Gottfried Herder (1744–1803), welcher von 1776 bis zu seinem Tode hier Superintendent war, wird sie auch **Herderkirche** genannt. Der spätgotische Vorgängerbau aus dem 13. Jahrhundert und das nach Bränden 1498–1500 neu errichtete Gotteshaus (1583 Sakristei südöstlich am Chor angebaut) stand von 1284 bis zur Reformation unter dem Patronat des Deutschritterordens. 1726/35 erfolgte der Umbau im barocken Stil durch Johann Adolf Richter (1682–1768). Das mit Dachreiter bekrönte große Satteldach reicht über alle drei Schiffe der Halle. Nach Kriegsschäden 1945 wurde die Kirche u. a. mit dem von Thomas Mann (1875–1955) gestifteten Preisgeld des ihm 1949 verliehenen Goethe-Preises 1948/53 wieder aufgebaut. Zur prachtvollen Ausstattung zählt der von →*Lucas Cranach d. Ä.* (1472–1553) in den Jahren 1552/53 begonnene und von Lucas Cranach d.

Die Ev.-Luth. Stadtkirche St. Peter und Paul am Herderplatz wird auch Herderkirche genannt.

Zur prachtvollen Ausstattung der Herderkirche zählen der 1555 vollendete Flügelaltar und die Kanzel.

J. (1515–1586) im Jahre 1555 vollendete Flügelaltar. Die Mitteltafel zeigt den Gekreuzigten. Rechts zwischen Johannes dem Täufer und Martin Luther (1483–1546) ist der Kopf von Lucas Cranach d. Ä. nach dessen Tod eingefügt worden. Am Jakobskirchhof reckt sich die **Ev.-Luth. Jakobskirche** in die Höhe. Sie wurde 1712/13 unter Verwendung von Resten des 1168 geweihten Vorgängerbaues durch Johann Mützel (1647–1717) und Christian II Richter (1665–1722) in den kargen Formen der damals üblichen Weimarer Barockarchitektur erbaut. Seit 1728 als Garnisonskirche genutzt, diente sie 1774 nach dem Schlossbrand als Hofkirche. Am 19. Oktober 1806 vermählte sich hier →*Johann Wolfgang von Goethe* (1749–1832) mit Christiane Vulpius (1765–1816). Es hat sich eine Glocke von 1631 erhalten. Die Tröbst-Orgel stammt von 1721, der klassizistische Kanzelaltar von 1817. An der William-Shakespeare-Straße befindet sich die **Ev.-Luth. Kreuzkirche**. Ursprünglich als Englische Kirche Saint Michel und All Angels 1899 für die englische Gesandtschaft am großherzoglichen Hof vorgesehen, wurde die Saalkirche mit eingezogenem Rechteckchor von Arthur Menzel nach einem Entwurf von Rudolf Zapfe (1860–1934) gebaut. Der kleine nordwestliche Turm kam in den 1950er-Jahren hinzu. Den Altar schuf 1972/74 Friedrich Press

(1904–1990). 1938/41 entstand an der Tiefurter Allee nach einem Projekt des Weimarer Architekten Hans Vogel die **Ev.-Luth. Johanneskirche**. Das schlichte Gemeindehaus mit sechs Steinreliefs am Eingang von Rudolf Weber weihte man als „Herzog-Bernhard-Kirche". 1947 wurde es in Johanneskirche umbenannt. Bereits 1257 ist die **Ev.-Luth. Pfarrkirche St. Christophorus** in Weimar-Tiefurt erwähnt. Die massive Saalkirche mit dreiseitigem Ostabschluss wurde 1715/25 unter Verwendung von Mauern des spätgotischen Vorgängers umgebaut. Aus romanischer Zeit hat sich in Oberweimar die **Ev.-Luth. Pfarrkirche St. Peter und Paul** erhalten. Belegt sind ein Bauablass von 1247 und die Weihe von 1281. Auf den alten Mauern ließen die Grafen von Orlamünde 1361 eine Saalkirche für Nonnen, die nach der Regel des hl. Bernhard lebten (Klosterauflösung 1526), vollenden. Johann Adolf Richter gestaltete die Kirche 1733 im Geschmack des Barock um. Von 1360 hat sich u. a. das spitzbogige Südportal erhalten. Zum Interieur gehören ein Flügelaltar mit Tafelbildern (südl. Chorwand) von Cranachschüler Veit Thiem († um 1574) aus dem Jahre 1572

Sakristei der Ev.-Luth. Jakobskirche. Hier vermählte sich Johann Wolfgang von Goethe 1806 mit Christiane Vulpius.

sowie die Grabplatte des Friedrich von Orlamünde nebst Frau von 1365. In Weimar-Ehringsdorf steht die **Ev.-Luth. Filialkirche Beatae Mariae Virginis**. Die romanische Chorturmkirche mit spätgotischem Choranbau hat man nach einem Brand im 16. Jahrhundert wieder aufgebaut. Barocke Umbauten sind von 1721, die Verlängerung nach Westen aus den Jahren 1908/09 belegt. Aus dem 18. Jahrhundert stammt der 1908 umgestaltete

In Oberweimar steht seit romanischer Zeit die Ev.-Luth. Pfarrkirche St. Peter und Paul.

Kanzelaltar. 1964/66 baute Klaus Kaufmann in Weimar-Schöndorf die **Ev.-Luth. Filialkirche St. Stephanus** auf schiffsähnlichem Grundriss mit südlichem Turm in Stahlbeton. Zur Ausstattung zählt die Taufe aus Bronze und Beton von Günther Laufer. Die **Kath. Pfarrkirche Herz-Jesu** am August-Fröhlich-Platz entstand 1888/91 nach einem Entwurf von Maximilian Meckel (1847–1910) aus Frankfurt am Main. Der große Bau mit freistehendem Glockenturm im Nordwesten ist eine stilistische Mischung aus romanischen und hochgotischen Formen. Als Seelsorgestelle der Herz-Jesu-Kirche wurde 1957 in Weimar-Schöndorf auf dem Ettersberg die **Kath. Bonifatiusgedächtniskirche** geweiht. Für die Zarenschwester und Großherzogin Maria Pawlowna (1786–1859) errichtete man 1860/62 nach Plänen von Carl Heinrich Ferdinand Streichhan (1814–1884) auf dem Historischen Friedhof die **Russisch-Orthodoxe Kapelle (**auch **Maria-Magdalena-Kapelle)**. Die im altrussischen Kirchenstil mit fünf Zwiebelkuppeln gebaute Kapelle, welche sich an die →*Fürstengruft* anschließt, wird bis heute von russisch-orthodoxen Gläubigen genutzt. Das Gottes-

1891 erbaute man die katholische Pfarrkirche „Herz Jesu" am August-Frönlich-Platz.

haus der bischöflichen Methodistengemeinde ist die **Methodistische Kirche** (Christuskirche) an der Schubertstraße, Ecke Richard-Wagner-Straße. Durch Spenden und die Unterstützung der amerikanischen Mutterkirche finanziert, schuf sie Maximilian Meckel im Jahre 1896.

Kirms-Krackow-Haus

Zu den ältesten Häusern Weimars zählt das um 1520 errichtete Kirms-Krackow-Haus an der Jakobstraße, das durch überdachte Galerien mit Treppenturm und Nebengebäude verbunden ist, einen romantischen Hof nebst →*Brunnen* und einen Hausgarten besitzt. Im Jahre 1701 erwarb es der herzogliche Amtsschreiber und spätere Kammerkommissar Johann Joachim Kirms. Später wurde das Haus um zwei Etagen aufgestockt, die Fassade im Barockstil erneuert und der Brunnen gebaut. Mitte des 18. Jahrhunderts kaufte man das benachbarte Grundstück bis zur ehemaligen Stadtmauer für die Gestaltung eines Gartens mit vielen botanischen Raritäten, der 1754 durch den barocken Pavillon seinen besonderen Glanzpunkt erhielt. Die engen Beziehungen der angesehenen Beamtenfamilie zum →*Fürstenhaus* zeigten sich auch darin, dass Herzogin Anna Amalia (1739–1807) ihr die Ehre von Besuchen zuteil werden ließ. Karl Kirms stieg bis zum Sekretär der Geheimen Kanzlei von Großherzog Carl August (1757–1828) auf. Sein Bruder Franz Kirms war als Hofkammerrat für Verwaltungs- und Finanzfragen des unter der Direktion →*Johann Wolfgang von Goethes* (1749–1832) stehenden Hoftheaters verantwortlich. Der Doppelname des Hauses erinnert auch an die Verdienste der Familie Krackow. Franz Kirms hatte 1823 die Kammerfrau der Großherzogin Maria Pawlowna (1786–1859), Karoline Krackow, geehelicht. Deren Nichten Charlotte und Sophie Krackow erbten das Haus und bewahrten es nahezu unverändert. Nach Charlottes Tod 1915 verkauften ihre Neffen die Immobilie der Stadt Weimar und stifteten die erhaltene Einrichtung für ein kleines, 1917 eröffnetes, →*Museum.* Nachdem hier über die Jahrzehnte wechselnde Ausstellungs-Konzeptionen verfolgt wurden, zeigt das zur Klassik Stiftung Weimar zählende Kirms-Krackow-Haus seit 1999 die Wohnkultur einer begüterten Bürgerfamilie zur Goethezeit, informiert über die Bau-, Restaurierungs- und Nutzungsgeschichte sowie über die Blumenliebhaberei in der alten Residenzstadt an der Ilm.

Der romantische Hof des 1520 errichteten Kirms-Krackow-Hauses.

Konzentrationslager Buchenwald

Zum schrecklichsten Kapitel in der Geschichte Weimars wurden die Gräueltaten des →*Nationalsozialismus* zwischen 1937 und 1945 im Konzentrationslager (KZ) Buchenwald, bei denen u. a. durch Morde, Exekutionen und Massenerschießungen, Unterernährung und Epidemien, Vernichtung durch Arbeit und Evakuierungsmärsche, Erfrierung, Krankenmord sowie medizinische Experimente etwa 56 000 Menschen, darunter 11 000 Juden, starben. Unmenschliche Bedingungen herrschten von 1945 bis 1950 auch im sowjetischen Speziallager Nr. 2 Buchenwald, das die Baulichkeiten des Konzentrationslagers weiter nutzte und in dem 7113 Gefangene starben.

Mit 149 Häftlingen aus dem KZ Sachsenhausen wurde am 15. Juli 1937 auf dem 478 Meter hohen Ettersberg das damals „KZ Ettersberg" bezeichnete Lager eröffnet. Schon wenige Tage später erhielt es nach Einspruch der NS-Kulturgemeinde Weimar, welche um den Ruf der mit →*Johann Wolfgang von Goethe* (1749–1832) und der →*Weimarer Klassik* verbundenen →*Schlossanlage Ettersburg* fürchtete, durch Heinrich Himmler (1900–1945) die Bezeichnung „KZ Buchenwald/Post Weimar". Dominierendes Bauwerk war das Torgebäude (gleichzeitig Hauptwachturm, mit Diensträumen der Schutzhaft- und Arbeitseinsatzführer). Hier befanden sich auch 26 Arrestzellen bzw. „Bunker", die der SS als Mord- und Folterstätte z. B. für den als „Prediger von Buchenwald" in die Geschichte eingegangenen evangelischen Pfarrer Paul Schneider (1897–1939) dienten. Das Lager umschloss ein über drei Kilometer langer und drei Meter hoher elektrisch geladener Stacheldrahtzaun mit 23 Wachtürmen. 1940 wurde das Krematorium erbaut, das über einen Sezierraum und eine Pathologie zum Herausbrechen von Goldzähnen verfügte. Im Keller hat man Häftlinge an Wandhaken erhängt. Wohl in der Nacht vom 17. zum 18. August 1944 wurde der Reichstagsabgeordnete und KPD-Chef Ernst Thälmann (1886–1944) auf Befehl Adolf Hitlers (1889–1945) in den Räumlichkeiten des Krematoriums erschossen. Innerhalb von

Das Torgebäude des Konzentrationslagers Buchenwald. Links befanden sich die berüchtigten 26 Arrestzellen bzw. Bunker.

acht Jahren waren im KZ Buchenwald 238 000 Menschen aus 35 Nationen schutzlos dem SS-Terror ausgeliefert.
Zur Befreiung des Lagers am 11. April 1945 durch Einheiten der 3. US-Armee, welcher Aktionen der über 70 Waffen verfügenden internen Widerstandsbewegung des Lagers vorangingen, waren ca. 21 000 Häftlinge, darunter über 900 Kinder und Jugendliche, im Lager.
1951 beschloss die Regierung der DDR – allerdings nur für die Opfer des KZ Buchenwald und unter Überbetonung des Widerstandes kommunistischer Kräfte im Lager – die Errichtung einer Nationalen Mahn- und Gedenkstätte im ehemaligen Lager nebst Memorialensemble auf dem Ettersberg. Den Erinnerungsort und die Aufarbeitung der Geschichte zwischen 1937 und 1950 betreut heute die „Stiftung Gedenkstätten Buchenwald und Mittelbau-Dora.“

Kunstmaler und Grafiker

In Weimar wirkten zahlreiche Kunstmaler und Grafiker, von denen hier nur eine Auswahl Erwähnung finden kann: Durch Porträts machte sich **Alfred Ahner** (1890–1973) einen Namen. Der zuletzt in expressionistischer Formensprache arbeitende **Bartold Asendorpf** (1880–1946) fand sein Ende im sowjetischen Speziallager Nr. 2. U. a. ihre Darstellungen von Kindern haben **Tina Bauer-Pezellen** (1897–1979) bekannt gemacht. **Paul Baum** (1859–1932) mit seinen Landschaftsgemälden gehört wie **Christian Rohlfs** (1849–1938) und **Karl Buchholz** (1849–1889) zu den Meistern der Weimarer Malerschule des Vorimpressionismus. An den Lehrer der Weimarer Kunstschule **Arnold Böcklin** (1827–1901) erinnert seit 1936 eine Straße in Oberweimar. Als „Schaf-Brendel" ging der durch Naturdarstellungen bekannte Direktor der Großherzoglichen Kunstschule **Albert Brendel** (1827–1895) in die Kunstgeschichte ein. Ein Weg in Oberweimar trägt den Namen des Dozenten der Großherzoglichen Kunstschule **Franz Bunke** (1857–1939). Das Malgenie der Renaissance **Lucas Cranach d. Ä.** (1472–1553) wirkte in seinem letzten Lebensjahr in Weimar. Sein Sohn **Lucas Cranach d. J.** (1515–1586) setzte die Arbeit des Vaters am Altar der wichtigsten →*Kirche* der Stadt fort. Von **Lyonel Feininger** (1871–1955), der 1919 ans →*Bauhaus* berufen wurde, stammt u. a. der Holzschnitt „Kathedrale der Zukunft". Wandbilder, Porträts und stimmungsvolle Landschaften hinterließ **Robert Fröhlich** (1869–1940), der ebenfalls Lehrer am Bauhaus war. Als Porträtistin wirkte **Bertha von Froriep** (1833–1920), eine Ur-Enkelin von **Friedrich Justin Bertuch** (1747–1822). Die Farbholzschnitte von **Margarethe Geibel** (1876–1955) finden sich in Weimarer Sammlungen. **Buonaventura Genelli** (1798–1868), der wie **Franz Markau** (1881–1968), **Friedrich Martersteig** (1814–1899), **Max Merker** (1861–1928), **Johann Schmeller** (1796–1841), **Peter Woltze** (1860–1925) und viele andere Maler auf dem Historischen →*Friedhof* ruht, verfolgte einen spätklassizistischen Stil. →*Schillers* Enkel **Ludwig von Glei-**

chen-Rußwurm (1836–1901) hat Motive aus Weimars Umgebung hinterlassen. Universalgenie →***Johann Wolfgang von Goethe*** (1749–1832) betätigte sich auch als Zeichner. **Hugo Gugg** (1878–1956) war ab 1921 Professor an der Staatlichen Hochschule für Bildende Kunst Weimar. Dem Lehrer an der Großherzoglichen Kunstschule **Theodor Hagen** (1842–1919) ist seit 1952 ein Weg gewidmet. Ein lyrischer Realismus zeichnet die Pastelle des 1945 zum Hochschulprofessor ernannten **Otto Herbig** (1889–1971) aus. **Ludwig von Hofmann** (1861–1945) zählt zum Malerkreis des „Neuen Weimar". **Carl Hummel** (1821–1907) pflegte einen eher romantisch-heroischen Malstil. Interieurs und Landschaften erinnern bis heute an **Franz Huth** (1876–1970), der 1945 die Professur erlangte. Eine eigene Farbenlehre vertrat **Johannes Itten** (1888–1967) als Meister am Bauhaus. **Leopold von Kalckreuth** (1855–1928), dessen Maler-Vater **Stanislaus von Kalckreuth** (1820–1894) bereits Kontakte zum Großherzog pflegte, gründete nach seiner Berufung nach Weimar 1885 als Erster eine „Naturklasse". Meister am Bauhaus

Detail des Gemäldes „Ecce homo" von Bartold Asendorpf (1880–1946). Der Künstler starb im sowjetischen Speziallager Nr. 2.

war der große **Wassili Wassiljewitsch Kandinsky** (1866–1944). **Walther Klemm** (1883–1957) machten seine Illustrationen zur Weltliteratur berühmt. Die romantischen Arbeiten

Engelbert Schoner (1906–1977) malte 1945 den von Bomben zerstörten Markt.

von **Georg Melchior Kraus** (1737–1806) prägen bis heute unsere Vorstellungen vom klassischen Weimar. **Fritz Lattke** (1895–1980) wurde populär durch die Kinderbuch-Illustrationen der „Putzi-Bücher". Ein Weg in Oberweimar wurde 1934 nach dem Großherzoglichen Kunstschullehrer und Bismarck-Porträtisten **Franz von Lenbach** (1836–1904) benannt. **Max Liebermann** (1847–1935) entwickelte sich aus der Weimarer Malerschule zu einem der bedeutendsten deutschen Impressionisten. **Fritz Mackensen** (1866–1953) war 1910/18 Direktor der Kunstschule Weimar. **Gerhard Marcks** (1889–1981) wurde 1919 ans Bauhaus berufen. Den Namen von **Johann Heinrich Meyer** (1760–1832) trägt seit 1876 die Meyerstraße. Als ein weiterer Kunstschullehrer ist **Alexander Michelis** (1823–1868) zu nennen. **László Moholy-Nagy** (1895–1946) kam 1923 ans Bauhaus. An dessen Gründung hatte auch **Johannes Molzahn** (1892–1965) Anteil. Im Bauhaus schrieb auch **Georg Muche** (1895–1987) Geschichte. **Edvard Munch** (1863–1944) schuf 1904/07 Porträts Weimarer Prominenter. Der Direktor der Großherzoglichen Kunstschule **Hans Olde** (1855–1917) gewann auch **Sascha Schneider** (1870–1927) für die Lehre. Das Atelier von **Alexander Olbricht** (1876–1942) ist heute im Stadtmuseum zu bewundern. Zu den führenden Künstlerpersönlichkeiten Weimars zählte **Friedrich Preller d. Ä.** (1804–1878). Hofmaler war **Johannes Rentzsch d. J.** (1693–1767). Die Ausmalung verschiedener Schlösser übernahm **Christian Richter** (†1667). **Engelbert Schoner** (1906–1977) schuf nach 1945 die ersten Thüringer Briefmarkenmotive. Einen Zyklus großer Historiengemälde aus Weimars Vergangenheit hinterließ **Hans W. Schmidt** (1859–1950) **Paul Schultze-Naumburg** (1869–1949) war als Direktor der Kunsthochschule Weimar 1930/40 ein Hauptgegner der Klassischen Modernen Kunst Als Malerin von Biedermeier-Bildnissen blieb **Louise Seidler** (1786–1866) in Erinnerung. **Carl Frithjof Smith** (1859–1917) war Kunstschul-Professor. **Alexander von Szpinger** (1889–1969) ein Mann, der die Weimarer Malerschule fortsetzte. Zu ihren Hauptmeistern zählte **Max Thedy** (1858–1924), von eher lokaler Bedeutung blieben hingegen **Paul Wilhelm Tübbecke** (1848–1924) oder **Eduard Weichberger** (1843–1913). Wichtige Porträts der herzoglichen Familie malte **Friedrich August Tischbein** (1750–1812). Von überragender Bedeutung für Weimar war **Henry van de Velde** (1863–1957). Kurzzeitig als Großherzoglicher Kunstschuldirektor fungierte **Charles Verlat** (1824–1890).

Selbstporträt von Sascha Schneider (1870–1927), der auch eine Reihe von Titelbildern für die Werke von Karl May (1842–1912) schuf.

Lesemuseum

Ein architektonisches Kleinod befindet sich mit dem Lesemuseum am Goetheplatz/Ecke Geleitstraße. In den Jahren 1859/60 finanzierte Großherzogin Maria Pawlowna (1786–1859) diesen eigenständigen Bau für die 1831 gegründete Weimarer Lesegesellschaft. Diese hatte seit 1848 ihren Sitz im →*Wittumspalais* und wollte den Mitgliedern und der Öffentlichkeit die politischen, wissenschaftlichen und der Unterhaltung dienenden Zeitschriften zugänglich machen. Durch permanentes Zirkulieren der neuen Druckerzeugnisse unter den Mitgliedern entsprach die Konstruktion einem Lesezirkel. Carl Heinrich Ferdinand Streichhan (1814–1884) führte das schmale, mit der offenen ionischen Säulenhalle im Obergeschoss dem Niketempel der Akropolis in Athen nachempfundene Gebäude auf einem hohen Sockel aus. Zwischen dem Lesemuseum und der →*Herzogin Anna Amalia Bibliothek* gab es im 19. Jahrhundert eine gute Zusammenarbeit, die auf eine Anregung →*Johann Wolfgang von Goethes* (1749–1832) zurückgeht. Demnach erhielt die Großherzogliche Bibliothek jeweils nach Jahresfrist 80 Zeitungen und Zeitschriften der Lesegesellschaft. Die Bibliothek ihrerseits verlieh der Gesellschaft 36 Periodika zur zeitweiligen Nutzung. Nachdem das Gebäude 1922 in städtischen Besitz gelangt war, hatten hier bis 1932 die Europäische Reisebüro GmbH, zwischen 1950 und 1970 das Deutsche Reisebüro und nach der Wende das Bauaufsichtsamt ihren Sitz. Heute wird Weimars Niketempel vom nichtkommerziellen Lokalradio „106,6 Radio Lotte" genutzt.

Das Lesemuseum am Goetheplatz wurde von Großherzogin Maria Pawlowna finanziert.

Franz Liszt

Es war ein Glücksumstand, dass mit dem berühmtesten Virtuosen der älteren Musikgeschichte, Franz Liszt, in den 1840er-Jahren wieder eine Weltpersönlichkeit nach Weimar fand. Am 22. Oktober 1811 im ungarischen Raiding (heute Marktgemeinde im Bezirk Oberpullendorf in Österreich) geboren, studierte das musikalische Wunderkind – vom Vater früh auf eine Pianisten-Karriere festgelegt – in Wien und Paris. Nachdem Liszt in den Jahren 1835/38 als Klavierlehrer und -künstler in der Schweiz, Frankreich und Italien gewirkt hatte, führten ihn ab 1838 Konzerttourneen quer durch Europa und Ende 1841 erstmals auch nach Weimar. Großherzog Carl Friedrich (1783–1853) und Großherzogin Maria Pawlowna (1786–1859) waren von dem „Hexenmeister“ auf dem Klavier so überwältigt, dass sie ihn zur Hochzeit ihres Sohnes Carl Alexander (1818–1901) mit der niederländischen Prinzessin Sophie Wilhelmine Maria (1824–1897) im Oktober 1842 einluden und Liszt am 26. November des gleichen Jahres zum „Kapellmeister in außerordentlichen Diensten“ ernannten. Sich auf seine Tourneen konzentrierend, übte der Virtuose das Ehrenamt an der Hofkapelle einige Jahre nur sporadisch – zu von ihm dirigierten Konzerten 1844 und 1846 – aus. Erst 1848 siedelte er sich dauerhaft in der Stadt an der Ilm an, wurde musikalischer Oberleiter der Hofkapelle und des Musiktheaters, bezog als ordentlicher Kapellmeister 1000 Taler Jahresgehalt aus der Privatschatulle Maria Pawlownas und widmete sich vor allem seiner kompositorischen Tätigkeit. In den Weimarer Jahren bis 1861 entstanden wichtige Klavier-, Orchester-, Orgel- und Vokalwerke, u. a. die „Sonate h-Moll“, die Konzerte in „Es-Dur“ und „A-Dur“, die ersten „Ungarischen

Liszt-Denkmal aus weißem Carrara-Marmor von Herrmann Hahn im Park an der Ilm.

Franz Liszt nach einem Ölgemälde von Bernhard Plockhorst (1825–1907) aus dem Jahre 1869.

Rhapsodien", „Les Préludes", „Hamlet", „Orpheus", „Prometheus" oder „Tasso". Liszt wohnte zuerst im „Hotel Erbprinz" am Markt und bezog 1850 die sogenannte Altenburg (heute Jenaer Straße 3). Das Haus war 1811 von Oberstallmeister Friedrich von Seebach (1767–1847) errichtet worden. Maria Pawlowna hatte es Liszts Freundin, der Fürstin Carolyne von Sayn-Wittgenstein (1819–1887), zur Verfügung gestellt. Ähnlich wie das →*Goethehaus* am Frauenplan wurden die Salons der Altenburg zu einem Zentrum jener Zeit, zu einem Mekka des Musik liebenden Europas. Hier unterrichtete Liszt seine Schüler wie Hans von Bülow (1830–1894) und Carl Tausig (1841–1871), fanden Sonntagskonzerte und Soireen statt, empfingen der Maestro und seine Muse Kollegen wie Johannes Brahms (1833–1897), Clara (1819–1896) und Robert Schumann (1810–1856) sowie hochgestellte Persönlichkeiten. Dank Liszt war das kleine Weimar mit seinen beschränkten musikalischen Möglichkeiten über zehn Jahre lang ein Zentrum moderner Musik, ja, ein Festspielort ersten Ranges. Hier fand am 28. August 1850 der „Lohengrin" von Richard Wagner (1813–1883) seine Uraufführung. 1852 veranstaltete man eine Berlioz-Woche unter persönlicher Anwesenheit von Hector Berlioz (1803–1869). Während der Wagner-Woche 1853 dirigierte Richard Wagner die Erstaufführung seines „Fliegenden Holländers". Und natürlich gab es auch Uraufführungen des Stars der Stadt – Liszts Klavierkonzerte, seine sinfonischen Dichtungen und die „Faust-Sinfonie" erklangen hier erstmals auf der Welt. Weniger bekannt ist Liszts Wirken als Wohltäter und Mäzen, der armen Kindern Schulgeld zahlte, alte und kranke Musiker beschenkte, beachtliche Summen für Bedürftige spendete, Komponisten wie Bedrich Smetana (1824–1884) oder Edvard Grieg (1843–1907) finanziell unterstützte. Doch der Mann, der in Weimar sogar „Olympiaden der Künste" plante, hatte nicht nur Freunde unter der konservativen und geradezu provinziellen Bürgerschaft. U. a. die wilde Ehe mit der noch nicht geschiedenen Fürstin Sayn-Wittgenstein, sein immer mehr

Ein Sonntagskonzert im Hause Liszt im Jahre 1882. Hans W. Schmidt (1859–1950) schuf dieses Gemälde.

In diesem Haus am Park an der Ilm weilte Franz Liszt bei seinen jährlichen Weimar-Besuchen ab 1869.

zum Vorschein tretender priesterlicher Habitus und die von ihm forcierte Musik riefen Kritiker auf den Plan. Zum Intimfeind wurde der Generalintendant des Weimarer Hoftheaters, Franz Dingelstedt (1814–1881), der um den Stellenwert des Schauspiels fürchtete. Ihm gelang es 1858, einen Bühnen-Skandal um die von Liszt geleitete Uraufführung der komischen Oper „Der Barbier von Bagdad" des in Weimar wohnhaften Komponisten Peter Cornelius (1824–1874) zu organisieren. Das Stück wurde abgesetzt, Franz Liszt trat von seinem Amt zurück und kehrte der Stadt 1861 den Rücken. Obwohl er in Rom und Budapest neue Wirkungsstätten fand, ließ er den Kontakt zu Weimar nie abbrechen. Von 1869 bis zu seinem Tode weilte er jährlich einige Wochen oder Monate in der Stadt. Sein Domizil war die alte Hofgärtnerei am Park-Eingang Marienstraße, in der zuvor schon →*Kunstmaler Friedrich Preller d. Ä.* (1804–1878) ein Atelier hatte. Regelmäßig reiste er nach Bayreuth, wo seine Tochter Cosima Wagner (1837–1930) die Festspiele leitete. Sie entstammte der nichtehelichen Verbindung Liszts und der Gräfin Marie d'Agoult (1805–1876), aus der auch die Kinder Blandine (1835–1862) und Daniel (1839–1859) hervorgingen. Cosima hatte sich in erster Ehe 1857 mit Hans von Bülow und in zweiter Ehe 1870 mit Richard Wagner vermählt. In Bayreuth starb Liszt am 31. Juli 1886 und wurde daselbst begraben. Sein Erbe trat Carolyne von Sayn-Wittgenstein an, deren Tochter alles dem Weimarer →*Fürstenhaus* schenkte. So kamen die Handschriften ins →*Goethe- und Schiller-Archiv*, die Bücher in die →*Herzogin Anna Amalia Bibliothek*. Seit 1887 fungiert Liszts letzter Weimarer Wohnsitz als Museum, heute unter Regie der Klassik Stiftung Weimar. Im Park an der Ilm steht seit 1902 ein lebensgroßes Standbild aus weißem Carrara-Marmor, das der Münchner Bildhauer Hermann Hahn ausführte. Liszts Name lebt heute auch in der 1872 von seinem Schüler Carl Müllerhartung (1834–1908) als erste Orchesterschule Deutschlands gegründeten Musikschule fort, die seit 1930 den Status einer Hochschule besitzt und 1956 den verpflichtenden Namen „Hochschule für Musik Franz Liszt Weimar" erhielt.

Marie-Seebach-Stiftung

Einer großherzigen Schauspielerin verdankt Weimar das einzige deutsche Altersheim für Bühnenkünstler: der am 24. Februar 1829 in Riga geborenen Marie Seebach. Als erste Tochter des Schauspielers Friedrich Wilhelm Seebach und seiner Gemahlin Theona Blumauer geboren, stand sie schon 6-jährig in Kinderrollen auf der Bühne und erhielt mit 19 Jahren ein Engagement in Lübeck. Nach Verpflichtungen am Wiener Burgtheater und in Hannover begründete sie mit Auftritten von Zürich bis St. Petersburg und Wien bis Tilsit sowie Gastspielreisen in die USA ihren Weltruhm. Am Weimarer Hoftheater gastierte sie in Stücken von →*Johann Wolfgang von Goethe* (1749–1832): 1857 als Gretchen im „Faust" und 1875 in der Titelrolle als „Stella". 1859 verehelichte sie sich mit dem später zu Ruhm gelangten Opernsänger Albert Niemann (1831–1917). 1869 wurde die Ehe allerdings wieder geschieden. Ihre Glanzrollen waren neben Goethes Gretchen und Stella →*Friedrich Schillers* (1759–1805) Luise Millerin sowie seine Prinzessin Eboli und Maria Stuart. Auch als Desdemona in William Shakespeares (1564–1616) „Othello" und in anderen Rollen faszinierte sie mit ihrer poesievollen Kunst. Nach dem Tod des Sohnes Oscar (1861–1893), der an Schwindsucht starb, bestimmte Marie Seebach ihr Vermögen für die Gründung der Stiftung. Das Grundstück Tiefurter Allee 8 stellte

Der 2002 restaurierte Altbau der Marie-Seebach-Stiftung.

In einem kleinen Zimmer mit Original-Mobiliar wird der großen Tragödin gedacht.

Großherzog Carl Alexander (1818–1901) kostenlos zur Verfügung. Die Einweihung der Stadtvilla mit 16 Wohnräumen fand am 2. Oktober 1895 statt. Jeder Pensionär hatte ein eigenes Zimmer. Verpflegung, Heizung, Beleuchtung und Wäschereinigung waren kostenlos. Stifterin Seebach, die 65-jährig von einem Pferdefuhrwerk überfahren wurde und sich dabei beide Beine brach, konnte das Lebenswerk nur kurzzeitig beaufsichtigen. Bei der Genesungskur in St. Moritz starb sie am 3. August 1897 und wurde auf dem Berliner Dreifaltigkeitsfriedhof beigesetzt. Ihre drei Jahre jüngere Schwester Wilhelmine veranlasste 1898 einen Erweiterungs-

An Marie Seebach erinnert diese Bronzebüste auf dem Gelände der Stiftung.

bau, der sechs Räume umfasste. Zuerst deckten die Zinsen des Stiftungsvermögens alle Kosten. Später sicherten die Stadt Weimar, Spenden, Lotterien und die Genossenschaft deutscher Bühnenangehöriger den Fortbestand. 1937 eröffnete die seit 1935 mit Reichswirtschaftsminister Hermann Göring (1893–1946) verehelichte Emmy Sonnemann-Göring (1893–1973), die als Schauspielerin am →*Nationaltheater Weimar* selbst das Gretchen gespielt hatte, in unmittelbarer Nähe an der Tiefurter Allee den Neubau für alte Mimen „Emmy-Göring-Stift, Haus II" (1945 in „Marie-Seebach-Stift, Haus II" umbenannt). Von 1951 bis 1990 erhielt die Stiftung Zuschüsse des DDR-Kulturministeriums. Nach der Übergangszeit unter Trägerschaft des Freistaates Thüringen errichtete man 1996 eine mildtätige Stiftung bürgerlichen Rechts. 1997 wurden die Stiftungs-Häuser durch den Neubau eines Pflegeheimes mit 30 Einzelzimmern, des „Forums Seebach" als Stätte der Kultur und Begegnung (Soziokulturelles Forum, Kontaktstelle zur offenen Altenarbeit in Thüringen) sowie durch Appartements für betreutes Wohnen (21 Wohnungen) ergänzt. Vor dem 2002 restaurierten Altbau steht auf einer Diorit-Säule die Bronzebüste der Stifterin mit rückseitiger Inschrift „Der großen Tragödin. Der edlen Wohltäterin ihrer Kunstgenossen." Zudem erinnert ein Gedenkzimmer mit Mobiliar, Gemälden und Auszeichnungen aus dem Besitz der Schauspielerin an Marie Seebach.

Markt

Der zentrale Platz der Stadt vor dem →*Rathaus*, der bis 1535 auch für Turniere des Hofes genutzt wurde, erhielt seine Funktion wohl Ende des 14. Jahrhunderts. Die prägende, von Gebäuden umgebene, Rechteckform entstand im 16. Jahrhundert und das Pflaster wurde 1554 gelegt. Zur Zeit der Stadtgründung um 1250 diente zuerst der heutige Herderplatz vor der →*Kirche* als Markt. Allerdings waren ihm durch den ebenfalls hier befindlichen

Samstägliches Markttreiben vor dem Weimarer Rathaus.

Gottesacker Grenzen für das Marktleben gesetzt. Spätestens als nach dem Stadtbrand von 1424 ein neues Rathaus errichtet (Renaissancebau 1560/83, Neubau 1841) und in der Nachbarschaft 1432 auch ein Gebäude für die Brot-, Fleisch-, Schuh- und Lederbänke samt Kramläden und Schankkeller genehmigt wurde, hatte sich das Marktgeschehen auf den heutigen Standort verlagert. Das kommunale Kaufhaus entstand 1526/57 komplett neu als Stadthaus. Den Saal baute Heinrich Gentz (1766–1811) in den Jahren 1803/04 um. 1945 bis auf die Grundmauern zerstört, konnte 1968/71 wenigstens die spätgotische Giebelfront des Stadthauses (Markt 10) rekonstruiert werden. Zum Renaissance-Ensemble an der Ostseite des Marktes zählt auch das sogenannte Cranachhaus (Markt 11/12). Dieses 1547/49 von Nikolaus Gromann (um 1500–1566 o. 1574) mit reicher Ornamentik und beeindruckenden Portalen

versehene Doppelhaus beherbergte 1552/53 Malgenie →*Lucas Cranach d. Ä.* (1472–1553). Seit 1972 erstrahlt das 1945 teilweise zerstörte Architekturjuwel wieder in alter Pracht. An der Markt-Südseite (Markt 20) steht seit 1540 das Gasthaus „Zum schwarzen Bären". Kriegs- und Notzeiten hatten der Bausubstanz der beliebten Einkehrstätte zum Ende des 17. Jahrhunderts so zugesetzt, dass Gastwirt Christian Andreas Barittig 1696 im Nachbarhaus den Gasthof „Elephant" gründete. „Zum schwarzen Bären" wurde nach 1945 zweckentfremdet genutzt, doch kann man seit 1999 wieder hier einkehren. Das heutige →*Hotel* der Luxuskategorie „Elephant" links daneben (Markt 19) ist ein Neubau mit bewegter Geschichte aus den Jahren 1937/38. In die 1945 zerstörte Nordseite des Marktes hat man die rekonstruierten Schauseiten von vier Renaissancehäusern eingefügt. Eine Fassade wird von einer Steintafel mit dem Ritter zu Pferde geziert. Sie erinnert an hier durchgeführte Reiterspiele. Am Markt 6 prangt ein Erker von 1594, der einst zur Hofapotheke (erstmals 1506 erwähnt) gehörte. Besitzer in klassischer Zeit war der Hofmedikus, Amtsarzt und Balneologe Wilhelm Heinrich Sebastian Buchholz (1734–1798), welcher sich auch auf dem Gebiet des Flugwesens Verdienste erwarb und mit →*Johann Wolfgang von Goethe* (1749–1832) Ballonexperimente durchführte. Vor der ehemaligen Hofapotheke, die ab 1798 über Generationen in der Familie des Professors Karl August Hoffmann verblieb und nach der Zerstörung 1945 als Stadtapotheke an der Frauentorstraße 3 weiter existierte, steht mit dem Neptunbrunnen (heutige Gestalt seit 1774) ein bemerkenswerter →*Brunnen.*

Oben: Alte Abbildung des Marktes auf einer Schützentafel.

Linke Seite: Blick vom Neptunbrunnen auf die Ostseite des Weimarer Marktes mit Stadthaus und Cranachhaus.

Museen

Es gehört zum faszinierenden Flair der Klassiker-Metropole, dass die Stadt über ein einzigartiges Ensemble an Museen verfügt. Alle wichtigen Erinnerungsstätten sind im Verbund der 2003 errichteten Klassik Stiftung Weimar vereint, die bis 2006 „Stiftung Weimarer Klassik und Kunstsammlungen" hieß, bereits 1991 als „Stiftung Weimarer Klassik" ins Leben gerufen wurde. Die zweitgrößte deutsche Kulturstiftung hat neben Museen, Schlössern, Archiven und Gärten in der Stadt auch Einrichtungen außerhalb. In Weimar befinden sich folgende Museen: →***Goethes Wohnhaus und Goethe-Nationalmuseum*** (Frauenplan 1) u. a. mit den Wohn-, Arbeits- und Empfangsräumen, die Dichter-Genie →*Johann Wolfgang von Goethe* (1749–1832) über 50 Jahre lang bewohnte; das **Schlossmuseum Weimar** (Burgplatz 4) mit einer Sammlung europäischer Kunst vom Mittelalter bis zum Beginn des 20. Jahrhunderts und den historischen Prunkräumen im ehemali-

Das Museum für Ur- und Frühgeschichte Thüringens.

gen →*Residenzschloss;* das →***Bauhaus-Museum*** (Theaterplatz), in dem rund 500 Exponate der berühmten Weimarer Avantgardeschule gezeigt werden; das **Neue Museum Weimar** (Weimarplatz 4) im 1863/69 erbauten ehemaligen Großherzoglichen Museum, welches zeitgenössische Kunst präsentiert; das →***Wittumspalais*** (Theaterplatz), in dem man u. a. anhand von Privat- und Repräsentationsräumen über adelige Wohnkultur des ausgehenden 18. Jahrhunderts und über die berühmte →*Tafelrunde* von Herzogin Anna Amalia (1739–1807) informiert wird; →***Schillers Wohnhaus*** (Schillerstraße 12) mit teilweise originalem Inventar, das →*Friedrich von Schiller* (1759–1805) drei Jahre bis zu seinem Tode bewohnte; das →***Kirms-Krackow-Haus*** (Jakobstraße 10) u. a. mit Hausgarten und Original-Möbeln Weimarer Bürgerfamilien aus klassischer und nachklassischer Epoche; →***Goethes Gartenhaus*** (Park an der Ilm); das 1792/97 von Johann August Arens (1757–1806) für Herzog Carl August (1757–1828) errichtete **Römische Haus** (Park an der Ilm) u. a. mit Salon und Schlafzimmer des Herzogs und späteren Großherzogs sowie einer

In diesen imposanten Figuren im Deutschen Bienenmuseum verstecken sich Bienenstöcke.

Dauerausstellung zum →*Park an der Ilm;* das **Liszt-Museum** (Marienstraße 17), in dem →*Franz Liszt* (1811–1886) in den Sommermonaten 1869 bis 1886 weilte, mit Liszts Wohn- und Arbeitszimmer sowie einer multimedialen Dauerausstellung; die →***Fürstengruft*** (Historischer Friedhof), in welcher ne-

Das Stadtmuseum im Bertuchhaus.

ben Vertretern des →*Fürstenhauses* Sachsen-Weimar-Eisenach die sterblichen Überreste von Goethe ruhen und der Schillersarg steht; das →***Nietzsche-Archiv*** (Humboldtstraße 36) – die letzte Station im Leben des kranken →*Friedrich Nietzsche* (1844–1900) mit dem Jugendstilinterieur von Henry van de Velde (1863–1957); das 1906/07 von van de Velde für sich erbaute **Haus Hohe Pappeln** (Belvederer Allee 58), in dem Arbeitszimmer, Salon, Speisezimmer und der Garten zu besichtigen sind; das in einen beeindruckenden Landschaftspark eingebettete barocke →***Schloss Belvedere*** (Weimar-Belvedere) u. a. mit einer Ausstellung kostbarer Porzellane, Fayencen, Gläser, Möbel und Serpentinobjekten des späten 17. bis 19. Jahrhunderts; →***Schloss Tiefurt*** (Weimar-Tiefurt) mit Räumen, die die Zeit um 1800 widerspiegeln, und einem reizvollen Park entlang der Ilm; die →***Herzogin Anna Amalia Bibliothek*** (Platz der Demokratie 4) mit dem berühmten Rokokosaal als Bücherhort.

Zur Weimarer Museums-Landschaft gehört aber auch das 1889 gegründete, heute dem Thüringischen Landesamt für Denkmalpflege und Archäologie unterstehende, **Museum für Ur- und Frühgeschichte Thüringens** (Humboldtstraße 11), welches durch Funde von Tier-, Pflanzen- und Menschenresten aus frühester Zeit wie dem →*Ehringsdorfer Urmenschen* internationale Bedeutung erlangte. Die Stadt Weimar betreibt mit dem **Stadtmuseum im Bertuchhaus** (Karl-Liebknecht-Straße 5-9) das älteste Stadtmuseum Thüringens, das dem Besucher mit seinen wertvollen Exponaten und Erläuterungen einen hervorragenden Überblick zur lokalen Geschichte vermittelt. Die 1903 in städtische Verwaltung übergegangene Sammlung zog 1954 in das Bertuchhaus. Namensgeber ist der Schriftsteller, Verleger und Unternehmer Friedrich Justin Bertuch (1747–1822), der das klassizistische Wohn- und Geschäftshaus 1780/1803 errichten ließ und hier auch museal gewürdigt wird. Schwerpunkte des Museums sind u. a. →*Johann Sebastian Bach* (1685–1750), die 1919 im →*Deutschen Nationaltheater* abgehaltene Nationalversammlung und die →*Weimarer Republik,* die Zeit des →*Nationalsozialismus,* lokale Fotografen und die Nachkriegsentwicklung. Auf den Pfarrer und Bienenforscher Ferdinand Gerstung (1860–1925) geht die Gründung des **Deutschen Bienenmuseums** (Ilmstraße 3) im Jahre 1907 als „Reichsbienenzuchtmuseum" zurück. Als ältestes deutsches Museum dieser Art war es mit seiner umfangreichen Sammlung zur Bienenkunde an verschiedenen Plätzen untergebracht, seit 1957 im ehemaligen Gasthof „Goldener Schwan" in Oberweimar. Heute ist der Landesverband Thüringer Imker e. V. Träger des Museums. 1984 richtete

Vorhalle und Haupttreppe im Bertuchhaus.

Blick ins Schirmmuseum der Annelies Pennewitz.

man im Musäushaus des →*Schriftstellers* Johann Carl August Musäus (1735–1787) eine **Albert-Schweitzer-Gedenkstätte** (Kegelplatz 4) für den Urwaldarzt Albert Schweitzer (1875–1965) ein. Relativ neue Museen sind das der Neuen Geschichtserlebnis GmbH gehörende **Weimar Haus** (Schillerstraße 16) mit multimedialen Darstellungen und Wachsfiguren zur Thüringer Geschichte, das von der Becker GbR betriebene **Ginkgo-Museum** (Windischenstraße 1) am →*Markt* oder das **Schirmmuseum Weimar** (Rittergasse 19) von Annelies Pennewitz (geb. 1944).

Zu einem Weimar-Besuchsprogramm gehört bei vielen Touristen auch ein Besuch der **Gedenkstätte Buchenwald** (Weimar-Buchenwald) auf dem Territorium des nationalsozialistischen →*Konzentrationslagers Buchenwald* und des sowjetischen Speziallagers 2. Diese untersteht der Stiftung Gedenkstätten Buchenwald und Mittelbau-Dora.

Das Wohnhaus von Johann Carl August Musäus (1735–1787).

Nationalsozialismus

Weimar wurde im ersten Drittel des 20. Jahrhunderts ein Kristallisationspunkt des Nationalsozialismus. Zu den geistigen Wegbereitern völkisch-antisemitischer und nationalsozialistischer Gesinnungen zählte der vom konservativen Bürgertum viel gelesene Weimarer Schriftsteller Adolf Bartels (1862–1945), der 1927 Adolf Hitlers (1889–1945) „Mein Kampf" als „die bedeutendste politische Veröffentlichung seit Bismarcks Gedanken und Erinnerungen" bezeichnet hatte. Das Land Thüringen und seine Hauptstadt waren schon lange vor dem offiziellen Beginn der NS-Diktatur am 30. Januar 1933 für die 1925 gegründete Nationalsozialistische Deutsche Arbeiterpartei (NSDAP) zum Modell- und Experimentierfeld geworden. Am 3./4. Juli 1926 hielt die NSDAP ihren 2. Parteitag im →*Deutschen Nationaltheater* ab. Parallel dazu rief man im Vereinslokal „Armbrust" die „Hitlerjugend" (HJ) ins Leben. Hitler, der sich zu den Verehrern von →*Friedrich Nietzsche* zählte, weilte am 22. März 1925 erstmals in Weimar und besuchte vor seiner Ernennung zum Reichs-

Adolf Hitler im Deutschen Nationaltheater.

kanzler 24 Mal die Stadt (insgesamt mehr als 40 Mal). Sein bevorzugtes →*Hotel* war das „Elephant". 1928 ernannte er einen Sohn aus angesehener Familie zum Führer des Nationalsozialistischen Studentenbundes und 1931 zum Reichsjugendführer der NSDAP: Baldur von Schirach (1907–1974). Mit dem fanatischen Nationalsozialisten Wilhelm Frick (1877–1946) erlangte am 23. Januar 1930 die Thüringer NSDAP erstmals in Deutschland ein Ministeramt (Innen- und Volksbildungsressort). Zwei Monate später zeigte Fricks Erlass „Wider die Negerkultur für deutsches Volkstum", welcher Geist fortan durch Weimar wehen sollte. Noch im gleichen Jahr wurden u. a. Gemälde, Grafiken und Skulpturen der Moderne aus dem Schloss entfernt. 1932 wählte man Fritz Sauckel (1894–1946) in Thüringen zum ersten nationalsozialistischen Ministerpräsidenten. Nach 1933

Kundgebung der Nationalsozialistischen Freiheitsbewegung Großdeutschlands am 17. August 1924 vor dem Deutschen Nationaltheater.

begann der Terror mit einer ersten Verhaftungswelle von rund 1000 Kommunisten. Auch die Judenverfolgung startete in Thüringen früher als anderswo. 1935 eröffnete Reichsminister Joseph Goebbels (1897–1945) in Weimar die „Woche des deutschen Buches", die hier bis 1942 jährlich zelebriert wurde. Den Umbau Weimars zur Gauhauptstadt sollte der Bau des „Gauforums" (heute Carl-August-Allee 2a) dokumentieren. Hermann Giesler (1898–1987) errichtete es auf einem Areal von 350 mal 250 Metern: Um einen rechteckigen Aufmarschplatz (1,5 Hektar) für 60 000 Menschen gruppierten sich Gebäude der Deutschen Arbeitsfront, der NSDAP sowie des Gauleiters und Reichsstatthalters von Thüringen. Hitler, der noch einen Glockenturm mit Weltkugel anregte, vollzog am 4. Juli 1936 den ersten Spatenstich. Im Mai 1937 legte sein Stellvertreter Rudolf Heß (1894–1987) den Grundstein für die unvollendet gebliebene „Halle der Volksgemeinschaft" (geplante 12 000 Plätze). Dem erst 1944 eingestellten Projekt fielen u. a. 139 Häuser zum Opfer, 1650 Weimarer wurden umgesiedelt. Fast jede menschliche Vorstellungskraft

Im Gauforum befinden sich heute Behörden und ein Einkaufszentrum. Unter dem einst für 60 000 Menschen gedachten Aufmarschplatz entstand eine Tiefgarage.

sprengt allerdings die Todesmaschinerie, die die Nationalsozialisten zwischen 1937 und 1945 am Rande der Stadt mit dem →*Konzentrationslager Buchenwald* unterhielten. Im „Gauforum" sind heute Behörden untergebracht. In der „Halle" entstand das Einkaufszentrum „Weimar-Atrium", unter dem Aufmarschplatz eine Tiefgarage. Einzelne Räume des Turmhauses beherbergen eine Ausstellung zum Baugeschehen unter dem Nationalsozialismus. Ein wichtiger Gedenkort ist auch der Hof des Marstalls (Thüringisches Hauptstaatsarchiv, Marstallstraße 2), wo die Gestapo gegen politisch, sozial und rassisch unerwünschte Menschen brutal vorging.

Friedrich Nietzsche und Nietzsche-Archiv

Der am 15. Oktober 1844 in Röcken bei Weißenfels geborene Philologe, Schriftsteller und Philosoph Friedrich Wilhelm Nietzsche kam drei Jahre vor seinem Tode und bereits geistig umnachtet nach Weimar. Die Stadt kannte er aus Jugendjahren, in denen ihn Besuche zu seiner hier lebenden Großmutter väterlicherseits geführt hatten. Nietzsches Eltern waren der lutherische Pfarrer Carl Ludwig Nietzsche (1813–1849) und dessen Frau Franziska, geb. Oehler (1826–1897). In Röcken kam auch seine Schwester Elisabeth (1846–1935) zur Welt. Nach dem Tod des Vaters und des Bruders Joseph (1848–1850) zog die Familie nach Naumburg an der Saale. Musisch und sprachlich begabt, durfte der Knabe seine Ausbildung von 1858 bis 1864 an der berühmten Fürstenschule Schulpforta absolvieren, studierte 1864 bis 1869 Theologie und klassische Philologie in Bonn und Leipzig, wurde 1869 zum außerordentlichen Professor für klassische Philologie an die Universität Basel berufen. Bedeutungsvoll waren u. a. Zusammentreffen mit Richard Wagner (1813–1883). Vergeblich suchte Nietzsche eine vermögende, junge, heiratswillige Frau. Er verfasste in dieser Zeit „Die Geburt der Tragödie aus dem Geiste der Musik“, „Unzeitgemäße Betrachtungen“ und „Menschliches, Allzumenschliches“. Bereits 1879 wegen ständiger Anfälle mit starken Kopf- und Augenschmerzen und Erbrechen pensioniert, wirkte er die nächsten zehn Jahre als freier Philosoph und pendelte zwischen Sils Maria im Engadin/Schweiz sowie Italien (Genua, Rapollo, Turin, Nizza) und Naumburg. In diesen Jahren entstanden Arbeiten wie „Die fröhliche Wissenschaft“, „Also sprach Zarathustra“, „Jenseits von Gut und Böse“, fünf Bücher für das geplante Werk „Der Wille zur Macht“, „Götzen-Dämmerung“, „Antichrist“ und die Autobiografie „Ecce Homo“ („Sehet, welch ein Mensch“). Ab Januar 1889 war er vom Wahnsinn gekennzeichnet – als Ursache wird progressive Paralyse in einem Syphilis-Spätstadium vermutet. Als alle Heilungsversuche erfolglos blieben, nahm ihn die Mutter in Naumburg auf. Wichtig wurde seine von nationalistischen, rassistischen und völki-

In dieser Villa verbrachte Friedrich Nietzsche seine letzten Lebensjahre.

schen Ideen durchdrungene Schwester. Elisabeth Nietzsche war mit dem Gymnasiallehrer und Schriftsteller Bernhard Förster (1843–1889) verheiratet, der wegen seiner aggressiven antisemitischen Agitation den Schuldienst quittieren musste und mit der Frau 1886 in Paraguay die arische Kolonie Nueva Germania gründete. Nach Försters Selbstmord kehrte die Witwe 1893 nach Deutschland zurück und sicherte sich die Kontrolle über Nietzsches Werk und Leben. Nützlich für sie war, dass sich die Öffentlichkeit für den bis dahin unbekannten Dichter-Philosophen zu interessieren begann. Schwester Elisabeth gründete 1894 in Naumburg das Nietzsche-Archiv und setzte ein Jahr später bei Gericht durch, dass sie sich Förster-Nietzsche nennen durfte. Sie wählte Weimar als neue Heimat, weil sie die höfisch-konservativen Kreise schätzte und das →*Goethe- und Schiller-Archiv* Interesse für des Bruders Werk signalisiert hatte. Ihre Pläne, das Archiv wie die Villa Wahnfried in Bayreuth zu einem Zentrum der Nietzsche-Verehrung zu machen, erhielten Unterstützung. 1897 kaufte Meta von Salis-Marschlins die 1889/90 hoch über Weimar erbaute Villa Silberblick mit großem Garten für 40 000 RM und stellte sie für das Archiv und die Unterbringung des Kranken zur Verfügung. 1902 wurde Förster-Nietzsche selbst Eigentümerin der Villa. Friedrich Nietzsche starb hier am 25. August 1900, wurde am Geburtsort begraben. Seine Schwester Elisabeth bearbeitete – teilweise durch Fälschungen, Auslassungen und Hinzufügungen – Nietzsches Werke und verfasste auch eine Biografie über den Bruder. Von dem mystischen Dichter, dem philosophierenden Moralisten und Zeitkritiker mit der poetischen Sprache waren zum Anfang des 20. Jahrhunderts große Teile der künstle-

Ehemaliger Bibliotheks- und Vortragsraum. Der Entwurf stammt von Henry van de Velde (1863–1957).

rischen Intelligenz beeindruckt, sodass er ein Wegbereiter der Expressionisten wurde. Nachweislich beeinflussten seine Ideen Philosophen wie Martin Heidegger (1889–1976), Soziologen wie Max Weber (1864–1920), den Geschichtstheoretiker Oswald Spengler (1880–1936) oder den Tiefenpsychologen Sigmund Freud (1856–1939). Dem Nietzsche-Rausch war wohl auch Rudolf Steiner (1861–1925) erlegen, der 1890 bis 1897 im Goethe- und Schiller-Archiv arbeitete. Aus dem In- und Ausland flossen Spenden an das Archiv, ab 1928 überwies z. B. der Hamburger Zigarettenfabrikant Philipp Reemtsma (1893–1959) jährlich 20 000 RM. Sowohl der deutsche Nationalsozialismus als auch der italienische Faschismus nutzten Fragmente des Nietzsche-Werkes, seine Schlagworte wie „Übermenschen" oder „Herrenmoral" und einige Klischees über Juden für die Rechtfertigung eigener verworrener Ideen. Adolf Hitler (1889–1945) besuchte häufig das Archiv und stellte 50 000 Reichsmark seines Privatvermögens für eine Nietzsche-Ruhmeshalle zur Verfügung. Nach 1945 galt Nietzsche als Nazi-Philosoph bzw. als irrationalistischer bürgerlicher Philosoph, der dem Faschismus den Weg bereitet hatte. Seit der Aufdeckung von Fälschungen der Schwester und auf Basis der großen Kritischen Gesamtausgabe (ab 1964) – der ersten vollständigen unverfälschten Ausgabe seiner Schriften – erfolgt eine Neuinterpretation, die bis heute andauert. Das Nietzsche-Archiv mit den Jugendstilräumen Henry van de Veldes (1863–1957) sowie der Marmorherme Nietzsches von Max Klinger (1857–1920) ist heute →*Museum* im Verbund der Klassik Stiftung Weimar. Der Nietzsche-Bestand kam schon 1949 an das Goethe- und Schiller-Archiv, die Büchersammlung wurde in die →*Herzogin Anna Amalia Bibliothek* integriert.

Porträt von Friedrich Nietzsche.

Park an der Ilm

Zu Weimars grüner Lunge gehört neben den Parkanlagen von →*Schloss Tiefurt* und →*Schloss Belvedere* der 48 Hektar große Park an der Ilm. Auf

Der wundervolle Park wird von der Ilm durchflossen.

dessen Gestaltung nahmen →*Johann Wolfgang von Goethe* (1749–1832) und Großherzog Carl August (1757–1828) persönlich Einfluss. Beide waren von der Naturphilosophie Jean-Jacques Rousseaus (1712–1778) und dem unter Fürst Leopold III. Franz Friedrich von Anhalt-Dessau (1740–1817) in Wörlitz angelegten Gartenreich fasziniert, wollten Ähnliches im Ilmtal erschaffen. Bereits 1685 existierte im nördlichen Teil des Parks eine wegen der sternförmig verlaufenden Wege „Sterngarten" genannte Anlage. Sie umfasste Wiesen und kleine Brücken, später auch vier Fischteiche, die immer wieder Opfer des Ilmhochwassers wurden. Eine Keimzelle gartenarchitektonischer Aktivitäten wurde ab 1776 →*Goethes Gartenhaus.* Unter den ersten Baulichkeiten war das 1778 zum Gedenken an den Freitod des Hoffräuleins Christel von Lassberg (1761–1778) geschaffene „Felsentor" bzw. spätere „Nadelöhr" – sie stürzte sich am 17. Januar 1778 von der Floßbrücke. Vom gleichen Jahr stammt das „Luisenkloster", an welches bis heute das „Borkenhäuschen" (mit Baumrinde verkleidetes, ovales Holzbauwerk) erinnert. Hier schuf Goethe einen romantischen Ort für Theateraufführungen, besaß der Herzog und spätere Großherzog eine Einsiedelei. Es folgten 1782 der „Dessauer Stein“ (5 Meter große Travertinplatte für den Wörlitzer Fürsten), 1784 die „Künstliche Ruine“ unter Verwendung von Teilen der 1774 abgebrannten Wilhelmsburg sowie der 1787 von Martin Gottlieb Klauer (1742–1801) geschaffene „Schlangenstein“ mit der Inschrift „Genio huius loci“ („dem Geist dieses Ortes“). Nach dem Ankauf weiterer Ländereien durch den Herzog konnte 1786/96 das ganze Ilmtal für die von Unternehmer Friedrich Justin Bertuch (1747–1822) geleitete Gestaltung des Parks genutzt werden, der fortan allen Bürgern zugänglich war. 1780/87 baute Johann Friedrich Rudolf Steiner (1742–1804) das alte, „Orangenhaus“ genannte Gewächshaus zu einem Salongebäude für den herzoglichen Hof um. Sein Sohn Karl Friedrich Christian Steiner (1774–1840) schuf daraus 1811/20 das neugotische „Tempelherrenhaus“, in dem vier hölzerne Ritterplastiken (die Tempelherren) von Klauer Aufstellung fanden, die später in Berkaer Sandstein kopiert wurden. 1816 fügte man einen Turm an und

Ruine des Tempelherrenhauses.

1821/23 folgten weitere Umbauten zur Nutzung als herzogliches Sommerhaus. Seit der Zerstörung 1945 sind nur noch Ruinenfragmente erhalten. Als →*Museum* erhielt sich in alter Pracht das „Römische Haus“ auf dem Plateau des linken Ilmufers. Johann August Arens (1757–1806) entwarf es im Stil der römischen Antike als zum Park offene Halle mit paarweise angeordneten, dorischen Säulen und der als ionischer Tempel ausgeführten Eingangsfront an der Westseite. Die repräsentativen Räumlichkeiten sind aufwendig im klassizistischen Stil ausgeführt. Im

Das Römische Haus wurde 1797 vollendet.

20. Jahrhundert ergänzte man den Park u. a. durch die Aufstellung von Denkmälern für →*Franz Liszt* (1811–1886) im Jahre 1902, für William Shakespeare (1564–1616) im Jahre 1904, für Alexander Puschkin (1799–1837) im Jahre 1949, für Adam Mickiewicz (1798–1855) im Jahre 1956 sowie für Sándor Petőfi (1823–1849) im Jahre 1976. Nahe dem Liszt-Haus befindet sich die „Parkhöhle". Das 12 Meter tiefe Stollensystem legte man zum Ende des 18. Jahrhunderts als Bierlager im Travertinfels an. Während des Zweiten Weltkriegs als Luftschutzraum dienend, ist das bergbauliche Labyrinth seit 1997 in Führungen begehbar. Zum Zauber des Parks an der Ilm gehören aber auch die „Läutraquelle" mit „Sphinxgrotte" und „Sprudelquelle" (1784/86), die „Felsenhöhle" (1782), das „Löwenkämpferportal" (1817), das „Euphrosyne-Denkmal" (Nachbildung von 1912), die zierlichen Brücken, die wundervollen Blumenrabatten, die großen Blutbuchen, alten Eiben und neben weiteren heimischen Baumarten exotische Gehölze wie Götterbaum, Geweihbaum, Ginkgo, Tulpenbaum oder Virginischer Wacholder.

Rathaus

Das Rathaus am →*Markt* wurde 1841 vollendet. Dieser neugotische Bau geht auf Heinrich Heß (1794–1865) zurück, der damals Angestellter der Oberbaubehörde war und mit dem Entwurf sogar die klassizistischen Baupläne seines Chefs, Oberbaudirektor Clemens Wenzeslaus Coudray (1775–1845), aus dem Felde schlagen konnte. Anders als beim Vorgängerbau setzte man das Rathaus um 20 Meter zurück. Der dreigeschossige Neubau mit spitzbogigen Fenstergesimsen und anderen gotischen Schmuckelementen verfügt über einen mittleren Turmaufsatz mit Uhr und einen Balkonvorbau. Im Inneren befinden sich das älteste Weimarer Wappen aus dem 15. Jahrhundert und zwei steinerne Türrahmungen des alten Rathauses mit figürlichem und ornamentalem Schmuckwerk von 1569 und 1583. Letzteres (vor dem Amtszimmer des Oberbürgermeisters) trägt die Allegorien von Caritas und Justitia als Sinnbild für eine wohltätige und gerechte Führung der Stadt sowie die Inschriften „HAT IMANT EIN AMBT, DAS WARTTE ER MIT VLEIS“ und „VOL BRACHT WORDEN ANNO 1583 IST DISER BAW“. 1844 schuf Friedrich Martersteig (1814–1899) das Gemälde „Die Ein-

Dieses Türgewände von 1583 erhielt sich aus dem alten Rathaus.

Das 1841 in heutiger Form vollendete Rathaus.

nahme von Breisach durch Herzog Bernhard" für den Ratssaal. 1987 wurde im Turm ein Glockenspiel installiert. Es handelt sich um ein Instrument aus 35 Meissener Porzellanglocken, welches 1929 Paul Emil Börner (1888–1970) schuf und das zuerst 1967 im Gärtnerhaus von →*Schloss Belvedere* erklang (12 ältere Glocken noch vorhanden). Weimars ältestes Rathaus stand vermutlich nahe der Hauptkirche St. Peter. Die Stadtgeschichte erwähnt erstmals 1396 ein Rathaus am heutigen Platz. Es beherbergte auch die städtischen Fleischbänke und Brotbänke, fiel 1424 dem Stadtbrand zum Opfer. Das 1431 errichtete und 1560/83 im Stil der Renaissance umgebaute Rathaus besaß sogar einen Weinkeller. Am 30. November 1837 brannte das Rathaus, welches mit dem Stadthaus (siehe →*Markt*) durch einen unterirdischen Gang verbunden war, ab. Als Ursache gab man Selbstentzündung des auf dem Boden über dem Archiv gelagerten Holzes an. Beim Brand kam nicht nur ein Zimmergeselle ums Leben, es wurde auch eine wertvolle astronomische Kunstuhr vernichtet. Die als „Matz von Weimar" in die Geschichte eingegangene Uhr war 1540/44 vom Freyburger Meister Bartel Schmid für den Giebel des Stadthauses geschaffen worden. Sie zeigte zwei Böcke, welche zur vollen Stunde ein Männlein stießen. Außerdem wurden die Mondphasen, der Sonnen- und Planetenlauf dargestellt. Erst 1812 hatte man sie auf das gegenüberliegende Rathaus umgesetzt. Das Rathaus beherbergt heute u. a. Sitzungssäle, das Standesamt und die Diensträume des Oberbürgermeisters. Oberbürgermeister seit 1945: 1945 Erich Kloss (1879–1964); 1945 Dr. Fritz Behr (1881–1974); 1945/46 Otto Faust (1897–1955); 1946/48 Dr. Gerhard Hempel (1903–1991); 1948/53 Hermann Buchterkirchen (1906–1983); 1953/59 Dr. Hans Wiedemann (1888–1959); 1960/69 Luitpold Steidle (1898–1984); 1969/70 Prof. Dr. Paul Ullmann (1921–1996); 1970/82 Franz Kirchner (1919 – 2003); 1982/89 Prof. Dr. Gerhard Baumgärtel (1931–1997); 1990 Prof. Dr. Wolfgang Hentzschel (geb. 1927); 1990/94 Dr. Klaus Büttner (geb. 1949); 1994/06 Dr. Volkhardt Germer (geb. 1944); seit 2006 Stefan Wolf (geb. 1961).

Residenzschloss

Thüringens höfische Kostbarkeiten und das →*Weltkulturerbe* der Menschheit werden durch das Residenzschloss (Burgplatz 4) bereichert, dessen heutiges Erscheinungsbild in mehreren Bauabschnitten zwischen 1774 und 1914 entstand. Allerdings beinhalten die weitgehend vom Barock dominierten Fassaden und die klassizistische Raumkunst ausstrahlenden Innenräume auch viel ältere Bausubstanz aller Epochen bis hin zum Mittelalter.

Es gibt Vermutungen, dass Thüringens Könige bereits im 7. Jahrhundert auf der natürlichen Hochterrasse an der Ilm Hof hielten. Nachweislich der ältesten Quellen existierte hier im letzten Drittel des 10. Jahrhunderts ein befestigter Ort der Grafen von Weimar (später Grafen von Orlamünde), den man sich als Wasserburg mit Holzbauten, aufgeschüttetem Palisaden-Wall und Graben vorstellen darf. Diese Burg fiel wohl, lange bevor sie 1372 in die Hände der Wettiner kam, im Jahre 1173/74 einem Brand zum Opfer. Beim solideren Wiederaufbau errichtete man einen Bergfried, dessen hochmittelalterliches Kleinquadermauerwerk sich im Hausmannsturm (Schlossturm) erhielt. Schadensfeuer prägten auch weiterhin die Geschichte der Weimarer Residenz, die jedoch wie Phönix aus der Asche immer neu und zudem prachtvoller entstand, aber nie wirklich vollendet wurde.

Nach dem verheerenden Stadtbrand von 1424, der auch das Wettiner-Anwesen vernichtete, entstand bis 1439 die durchgängig in Stein ausgeführte „Burg Hornstein" (abgeleitet von dem Hügel östlich der Ilm). Reste dieses mittelalterlichen Bauwerks finden sich bis heute u. a. im Kern des zum →*Markt* ausgerichteten Torbaues, der seit dem 19. Jahrhundert „Bastille" bezeichnet wird. Im 16. Jahrhundert erfolgte unter Nikolaus Gromann (um 1500–1566 o. 1574) und Conrad Krebs der Umbau der gotischen Burg zum Renaissanceschloss, von dem nur noch das 1545 entstandene Portal Gromanns an der „Bastille" zu bewundern ist. Denn bereits am 2. August 1618 brannte alles ab. Schuld soll ein beim Herzog angestellter italienischer Goldmacher gewesen sein, in dessen alchemistischem Labor das Großfeuer anscheinend ausgebrochen war. Der Aufbau unter Giovanni Bonalino (ca. 1575–1633) im Stil

Blick auf das Weimarer Residenzschloss.

des italienischen Barock sah eine dreigeschossige Vierflügelanlage vor, geriet jedoch durch den 30-jährigen Krieg ins Stocken. 1630 war lediglich die Schlosskirche an der Südostecke fertig. Zum Ende des 17. Jahrhunderts bürgerte sich der Name „Wilhelmsburg" für das Schloss ein. Denn Herzog Wilhelm IV. (1598–1662) hatte 1651 Johann Moritz Richter (1620–1667) mit der Vollendung des frühbarocken Baus (darunter ein reich mit Stuck, Deckengemälden und 50 Säulen ausgestatteter Festsaal) beauftragt. Dieser war bis 1664, allerdings ohne Westflügel, fertig gestellt. Erst 1724 bekam der Schlossturm zur Aufnahme eines Geläuts aus fünf Glocken durch Gott-

Aus alter Zeit hat sich die Bastille erhalten.

fried Heinrich Krohne (1703–1756) seine barocke Haube mit Laterne. Blitzschlag während des Gewitters vom 6. Mai 1774 verwandelte das herzogliche Schloss erneut in eine brandgeschwärzte Ruine. Die Planungen des Wiederaufbaues, an denen auch →*Johann Wolfgang von Goethe* (1749–1832) beteiligt war, zogen sich bis 1789 hin. Mit Johann August Arens (1757–1806), Nicolaus Friedrich Thouret (1767–1845) und Heinrich Gentz (1766–1811) arbeiteten drei namhafte deutsche Fachleute an dem Stadtschloss, das von der herzoglichen Familie schließlich 1803 bezogen werden konnte. Den Westflügel schuf ab 1820 Clemens Wenzeslaus Coudray (1775–1845). Zu dieser Zeit bürgerte sich der Name „Residenzschloss" ein. Der den Hof abschließende Südflügel von Jakob Heilmann (1846–1927) und Max Littmann (1862–1931) komplettiert seit 1914 das Gebäudeensemble.

Nachdem es 1918 seine Funktion als Wohnstätte des →*Fürstenhauses* eingebüßt hatte, beherbergte das Residenzschloss mit seinen Repräsentations- und Staatsgemächern im Jahre 1919 vorübergehend die Reichsregierung. Seit 1923 dient es mit dem zweigeschossigen Festsaal, dem Gentzschen Treppenhaus und weiteren Prachträumen (z. B. Spiegelsaal, Große Galerie, Zedernzimmer, Marmorgalerie, Boudoirzimmer) vorwiegend musealen Zwecken. In dem heute der Stiftung Thüringer Schlösser und Gärten unterstehenden Gebäudekomplex befinden sich die Verwaltung der Klassik Stiftung Weimar und das zu ihr gehörende Schlossmuseum Weimar.

Das prächtige Treppenhaus im Ostflügel des Residenzschlosses schuf 1803 Heinrich Gentz (1766–1811).

Rotes und Gelbes Schloss

Ein für Weimars Geschichte bedeutender Gebäudekomplex vereint das Rote und das Gelbe Schloss sowie die sich östlich anschließende Neue Wache (Hauptwache) in unmittelbarer Nachbarschaft zum →*Residenzschloss.* In den Jahren 1574/76 errichtete man das Rote Schloss (Markt 15) als Wohnsitz für Herzogin Dorothea Susanna (1544–1592), die Witwe von Herzog Johann Wilhelm (1530–1573). Für den Bau mussten Bürgerhäuser abgerissen werden – unter ihnen auch die Wohnstätte des herzoglichen Leibarztes Paul Luther (1533–1593), des dritten Sohns von Reformator Martin Luther (1483–1546). Vom Roten Schloss ist auch bekannt, dass es um 1630 der Aufbewahrung der Büchersammlung von Herzog Wilhelm IV. (1598–1662) diente. Der dreigeschossige Renaissancebau ist noch heute reich mit Erkern geschmückt und besitzt an der Hauptfassade drei Zwerchgiebel. Als besondere Zierde gilt das farbig gefasste Bogenportal mit den herzoglichen Wappen. Während Verbindungsbauwerke zum Residenzschloss und dem Grünen Schloss 1808 abgebrochen wurden, erhielt sich im rückwärtigen Treppenturm die Wendeltreppe. In den Jahren 1781/1807 hatte die 1775 gegründete und 1930 aufgelöste Freie Zeichenschule im Schloss ihren Sitz, an der auch →*Johann Wolfgang von Goethe* (1749–1832) Vorträge über Anatomie hielt. Seit 1815 diente das Rote Schloss als Ministerialgebäude. Den zweigeschossigen Bau des Gelben Schlosses (Grüner Markt) führte wohl Johann Mützel (1647–1717) in den Jahren 1702/04 für Herzogin Charlotte Dorothea Sophia, die zweite Frau von Herzog Johann Ernst III. (1664–1707), aus. Vorher stand hier ein adeliges Freihaus. An der schlichten Fassade des gelb gestrichenen Putzbaues sind lediglich Reste eines barocken Säulenportals mit Löwen (heute Fenster) bemerkenswert. Ab Mitte des 18. Jahrhunderts diente es als Wohnung für Hofbeamte und bis zum Ende des 20. Jahrhunderts waren hier Verwaltungen untergebracht. Im Gelben Schloss wurde jedoch auch der 1819 in Mannheim ermordete

Seit 2005 beherbergt der Schlosskomplex das Studienzentrum mit dem Bücherkubus der Herzogin Anna Amalia Bibliothek.

→Dichter und Schriftsteller August von Kotzebue (1761–1819) geboren. Seit 2005 gibt es für beide Schlösser ein völlig neues Nutzungskonzept. Hier wurde mit dem hochmodernen Studienzentrum, dessen Kernstück

Ein Kleinod des Roten Schlosses ist das Bogenportal mit dem herzoglichen Wappen.

Herzogliches Wappen über dem Bogenportal.

der Bücherkubus ist, ein Erweiterungsbau für die *→Herzogin Anna Amalia Bibliothek* geschaffen. Der in den alten Innenhof eingesetzte Kubus stellt ein imposantes Bücherkabinett für etwa 40 000 Bände dar. Im Erdgeschoss des Studienzentrums mit der Eingangshalle befinden sich Ausleihe, Cafeteria, Fotothek, Garderoben, Information, Katalog, Mediathek und ein kleiner Hörsaal. Zwischen dem Schlösserkomplex und der historischen Bibliothek errichtete man unterhalb des Platzes ein Tiefmagazin für 1 Mio. Bücher.

Friedrich von Schiller

Der Dichter, Philosoph, Historiker und bedeutendste deutsche Dramatiker, dessen Stücke zum unverzichtbaren Theaterrepertoire gehören, wurde am 10. November 1759 in Marbach am Neckar geboren. Mit 14 Jahren musste er auf Befehl des Herzogs Karl Eugen von Württemberg (1728–1793) in die halb militärische Karlsschule für künftige Führungskräfte eintreten. Obwohl er mit dem Rechtsstudium begann, wechselte Schiller 1775 zur Militär-Medizinausbildung, die er 1780 mit der Dissertation abschloss. Von den Werken der Dichter des Sturm und Drang fasziniert, dichtete der Regimentsmedikus nebenbei und vollendete 1781 das Theaterstück „Die Räuber". Da Schiller u. a. heimlich der Uraufführung im Mannheimer Theater am 13. Januar 1782 beiwohnte und eine Zukunft als Literat plante, verbot ihm der despotische Herzog die weitere Tätigkeit an solchen Stücken, ließ ihn sogar für 14 Tage ins Gefängnis werfen. Dieser Einengung seiner Freiheit entzog sich der 23-Jährige im September 1782 durch Flucht aus Stuttgart. Es folgten ruhelose, unsichere Jahre mit wechselnden Aufenthaltsorten bei Gönnern, in denen der schöpferische Geist u. a. 1783 „Kabale und Liebe" schuf, mit „Don Carlos" begann (1787/88 vollendet). Herzog Carl August von Sachsen-Weimar-Eisenach (1757–1828), der den Dichter am Darmstädter Hof bei einer Lesung erlebte, verlieh Schiller im Dezember 1784 den Titel eines Weimarischen Rates. Am 21. Juli 1787 traf er im aufstrebenden Zentrum der deutschen Literatur Weimar ein, wo sich Schiller den Aufbau seiner Existenzgrundlage er-

Friedrich von Schiller in einem alten Druck.

Diese Büste Schillers schuf Johann Heinrich Dannecker (1758–1841).

hoffte. Nach Logis im barocken Hotel Erbprinz am →*Markt* (1989 abgerissen) mietete er sich ab 28. Juli in der Frauentorstraße 21 ein. Den Zugang zur Weimarer Gesellschaft erleichterte ihm die an die Ilm umgesiedelte Charlotte von Kalb (1761–1843), die er in Mannheim kennengelernt hatte, als er dort 1783 Theaterdichter war. Schiller wurde mit Johann Gottfried Herder (1744–1803), Christoph Martin Wieland (1733–1813) oder Carl Ludwig von Knebel (1744–1834) bekannt. Auch Herzogin Anna Amalia (1739–1807) lud ihn ein. In dieser Zeit entstand u. a. seine historisch-philosophische Arbeit „Geschichte des Abfalls der Niederlande von der spanischen Regierung", er arbeitete am Roman „Der Geisterseher" (1789 Buchausgabe) und verfasste Beiträge für Wielands „Der Teutsche Merkur". Beim Sommeraufenthalt in Volkstedt bei Rudolstadt verliebte sich Schiller in Charlotte von Lengefeld (1766–1826), die er 1790 in Wenigenjena (Jena-Ost) heiratete. Die erste Weimar-Visite endete am 11. Mai 1789 mit der von →*Johann Wolfgang von Goethe* (1749–1832) unterstützten Berufung zum Geschichts-Professor an die Universität Jena. Hier konnten sich die wirtschaftlichen Verhältnisse endlich konsolidieren, vollendete Schiller u. a. die „Geschichte des Dreißigjährigen Krieges", gründete seine Monatszeitschrift „Die Horen" (1795 erste Ausgabe), dichtete in seinem Balladenjahr 1797 z. B. „Der Handschuh" oder „Die Kraniche des Ibykus". Doch er erkrankte 1791 auch lebensgefährlich an Tuberkulose, die zeitlebens nicht ausheilte. Der Freundschafts- und Schaffensbund mit Goethe wurde im Juli 1794 in Jena besiegelt. Im gleichen September weilte Schiller für zwei Wochen bei Goethe, der zur Eröffnung des umgebauten Weimarer Hoftheaters (siehe →*Deutsches Nationaltheater*) 1798 „Wallensteins Lager" uraufführen ließ. Weimar vermissend, zog Schiller mit Ehefrau sowie den Kindern Karl Friedrich Ludwig (1793–1857), Ernst Friedrich Wilhelm (1796–1841) und Caroline Henriette Luise (1799–1850) am 3. Dezember 1799 in die Stadt. Zuerst wohnte man in der Windischengasse 8 und am 29. April 1802 konnte das an der Esplanade gekaufte Haus (heute Schillerstraße 12) bezogen werden, wo Emilie Friederike Henriette (1804–1872) geboren wurde. Ab 1790 erhielt Schiller vom herzoglichen Hof jährlich 200 Taler, die 1799 und 1804 verdoppelt wurden. 1802 vermittelte ihm der Herzog das Adelsprädikat. Schiller litt unter Luftnot, Krämpfen, Fieberschüben und Koliken. Aber die letzten Jahre waren seine produktivsten und das Hoftheater blieb Uraufführungsort der großen Dramen: „Die Piccolomini" und „Wallensteins Tod" (1799), „Maria Stuart" (1800), „Die Braut von Messina" (1803), „Wilhelm Tell" (1804). Nur die „Jungfrau von Orleans" kam 1801 zuerst in Leipzig auf die Bühne. Am 9. Mai 1805 verstarb Schiller nach akuter Lungenentzündung in Weimar. Die Obduktion zeigte eine fortgeschrittene Multimorbidität innerer Organe. Sein Sarg wurde in der Nacht vom 11. zum 12. Mai 1805 im Kassengewölbe auf dem →*Friedhof* der Jakobskirche beigesetzt – einer Grablege für Mitglieder des Weimarer Hofes, die sich keine Gruft leisten konnten. Als 21 Jahre später die Gruftbereinigung erfolgte, wollte Bürgermeister Carl Leberecht Schwabe (1778–1851) Schillers Knochen retten. Dafür schaffte er 23 Schädel nach Hause, wählte nach Vergleichen mit der Totenmaske einen als Dichter-Schädel aus. Dieser wurde im Rokokosaal der heutigen →*Herzogin Anna Amalia Bibliothek* niedergelegt und am 16. Dezember 1827 in der →*Fürstengruft* endgültig bestattet. Etwa 50 Jahre später setzte die Schiller-Schädelforschung ein. Erbgutvergleiche von 2008 lassen nun den Schluss zu, dass ein falscher Schädel in der Gruft liegt. 1877 starb der letzte männliche Nachkomme des Dichters, Friedrich Ludwig Ernst von Schiller (1826–1877), der Sohn von Schillers Erstgeborenem. Allerdings durfte der Enkel von Schillers jüngster Tochter, die sich 1828 mit Freiherrn Adalbert von Gleichen-Rußwurm (geb. 1803) vermählt hatte, den Familiennamen ehrenhalber in der weiblichen Nachkommenslinie weiterführen: als Karl Alexander Schiller von Gleichen Rußwurm (1865–1947). Der Schriftsteller stiftete 1880 mit seinem als Landschaftsmaler bekannt gewordenen Vater Ludwig Heinrich von Gleichen-Rußwurm (1836–1901) dem →*Goethe- und Schiller-Archiv* umfangreiche Materialien eines von seiner Großmutter auf Schloss Greifenstein/Unterfranken eingerichteten Museums.

Schillers Wohnhaus und Schillermuseum

Das berühmte Schillerhaus (Schillerstraße 12) war 1777 von Anton Georg Hauptmann (1735–1803) als Hinterhaus des Gasthofes Goldener Anker mit Hauptfassade zur damaligen Esplanade errichtet worden und schmiegte sich an ein seit dem 15. Jahrhundert bestehendes Nebengebäude. In früherer Zeit soll sich auf dem Grundstück am Stadtrand eine fürstliche Münzprägstätte befunden haben. 1801 hatte der englische Poet und Übersetzer Joseph Charles Mellish of Blyth (1769–1823) das Haus erworben und nach der Geburt seines Sohnes Richard Charles Mellish (1801–1865)

Schillers Wohnhaus vom 1864 aufgestellten Gänsemännchenbrunnen aus gesehen.

im März 1802 an den in einer Mietswohnung im 2. Stock an der Windischengasse wohnenden →*Friedrich von Schiller* (1759–1805) verkauft. Familie Schiller bezog am 29. April ihr Haus, das an einer wenig bebauten Promenade mit Lindenbäumen, Springbrunnen, Fischteich, Spalieren und Rasenflächen lag. Der neue Eigentümer ließ das Treppenhaus verlegen und zahlreiche andere Umbauten vornehmen. Während im ersten Obergeschoss neben Salon und Gesellschaftszimmer die Schlafräume der Frau und der Töchter eingerichtet wurden, bezog der Dichter die Mansarde. Im Erdgeschoss befanden sich Wirtschaftsgelasse und die Küche, in der zwei Mägde Dienst verrichteten, sowie ein Zimmer für den Diener und Schreiber. Schillers Söhne schliefen vermutlich im Hinterhaus. Nach dem Tode ihres Mannes erbte Charlotte Schiller (1766–1826) die schuldenfreie Immobilie. Als die vier Kinder aus dem Haus waren, zogen in einzelne Zimmer Untermieter ein. 1827 verkauften die Erben der Dichter-Witwe das Anwesen an Gartenbauinspektor Johann Christoph Weise. Nach gerichtlicher Versteigerung gelangte das Haus 1848 in den Besitz der Stadt Weimar, die hier eine Schillergedenkstätte eröffnete. Vor allem war man bemüht, Arbeits- und Sterbezimmer authentisch herzurichten. Das Erdgeschoss beherbergte bis 1905 u. a. eine Kunsthandlung. Andere Räume waren ebenfalls vermietet. Nach Zerstörungen durch die angloamerikanischen Bombenangriffe 1945 konnte das Schillerhaus im November 1946 wieder öffnen. 1984/89 wurde das Haus umfassend rekonstruiert und im rückwärtigen Grundstücksbereich der Museumsneubau geschaffen. Die Ausstattung des Schillerhauses in Form einer historischen Wohnung mit bedruckten Tapeten und Mobiliar stammt aus der Zeit Schillers oder wurde dieser nachempfunden. Neben Schillerhaus und Schillermuseum gehört zur Klassik Stiftung Weimar noch das Schiller-Museum Bauerbach (1931/34 eingerichtet, 1995 restauriert) südlich von Meiningen. In dem Fachwerkgebäude hatte der aus Stuttgart geflüchtete 23-jährige Dichter bei Henriette von Wolzogen (1745–1788), der Mutter eines ehemaligen Mitschülers an der Karlsschule, von Dezember 1782 bis Juli 1783 unter dem Pseudonym Dr. Ritter Unterschlupf gefunden.

Schloss Belvedere

Die zauberhafte barocke Schlossanlage liegt auf einem Eichleite genannten Höhenzug drei Kilometer südöstlich Weimars und ist über die Belvederer Allee erreichbar. Das von einem 43 Hektar großen Park mit 180 bis 250 Jahre alten Eichen umgebene Schloss ist das bedeutendste unter den ca. 20 von Herzog Ernst August I. (1688–1748) aus dem →*Fürstenhaus Sachsen-Weimar-Eisenach* geplanten Lustpalais und Jagdhäusern. Nach Entwürfen von Johann Adolf Richter (1682–1768) und Gottfried Heinrich Krohne (1703–1756) entstand 1724/40 zuerst ein quadratisches Fasaneriegebäude, das man durch seitliche Flügel zur symmetrischen Pavillonanlage erweiterte (Mittelbau mit Altan und kuppelgekrönter Turmstube, Pavillons mit Durchfahrten). Zum Ensemble kamen noch zwei mit Türmchen versehene Kavaliershäuser (Uhrenhäuser), weitere Bauten (Prinzen- und Marschallhaus) sowie u. a. Wachhäuser, ein Kutschen- und Pagenhaus, das Küchen- und Waschhaus, die Konditorei, ein Reit- und Ballhaus, das Gärtnerhaus und 1739/53 die Orangerie hinzu. Auch Stallungen für die 337 Pferde und 1100 Jagdhunde von Ernst August I. entstanden. Insgesamt könnten sich hier rund 18 000 Tiere befunden haben. Für diese gab es z. B. ein Vogelhaus (u. a. für Falken, Tauben), ein Gehege (für Büffel, Hirsche, Rehe) sowie eine Menagerie für Exoten (u. a. für Affen, Meerkatzen). Herzogin Anna Amalia (1739–1807) veranstaltete an diesem Ort heitere Feste, Großherzog Carl August (1757–

Eins der mit Türmchen versehenen Kavaliershäuser. Sie wurden auch Uhrenhäuser genannt.

Das ursprünglich quadratische Fasaneriegebäude hat man in den Jahren 1724 bis 1740 durch seitliche Flügel zur symmetrischen Pavillonanlage erweitert.

1828) und →*Johann Wolfgang von Goethe* (1749–1832), der im Belvedere seinen „Tasso" vollendete, sammelten hier 7900 Arten botanischer Raritäten. 1811 übernahmen der spätere Großherzog Carl Friedrich (1783–1853) und seine Gemahlin Maria Pawlowna (1786–1859) das Belvedere als Sommerresidenz. Die im französischen Stil angelegten Kabinettsgärten gestaltete man im 19. Jahrhundert zum englischen Landschaftspark um. Auf eine erste Erneuerungsphase 1815/24, in welcher auch das „Heckentheater" angelegt wurde, folgten 1842/50 weitere Veränderungen.

Sie basierten auf Anregungen des Parkschöpfers Fürst Hermann von Pückler-Muskau (1785–1871), prägen wie der Irrgarten von 1843 bis heute das Erscheinungsbild. An Bauten aus der Entstehungszeit erhielten sich bis heute das Schloss nebst Kavaliershäusern, Orangerie, Gärtnerhaus und Wirtshaus. Die Anlage untersteht der Klassik Stiftung Weimar und beherbergt im Schloss ein →*Museum* u. a. mit kostbaren Porzellanen, Fayencen, Gläsern und Möbeln. Auf dem Gelände befindet sich auch das staatliche Spezialgymnasium „Musikgymnasium Schloss Belvedere Weimar" (für 120 musikalisch besonders begabte Mädchen und Jungen ab Klasse 5). Dessen Schüler erfahren im Hochbegabtenzentrum der „Hochschule für Musik Franz Liszt Weimar" *(siehe →Universitäten und Hochschulen),* die hier u. a. auch das „Studiotheater Belvedere" betreibt, eine umfassende musikalische Förderung.

Zum Park gehört dieser Wandelgang.

Schloss Ettersburg

Nördlich von Weimar (Kreis Weimarer Land) liegen auf dem 474 Meter hohen Ettersberg Schloss und Park Ettersburg. Bis 1536 existierte hier das 1089 gegründete Chorherrenstift, auf dessen Grundmauern sich Herzog Ernst August I. (1688–1748) von Johann Mützel (1647–1717) in den Jahren 1706/12 ein dreiflügliges Jagdschloss erbauen ließ. Der Ostflügel lehnt an der Dorfkirche (frühere Stiftskirche), die 1863/65 eine neugotische Gestalt erhielt. Neben dem Alten Schloss entstand 1717/40 unter Mitwirkung von Johann Adolf Richter (1682–1768) und Gottfried Heinrich Krohne (1703–1756) das die Anlage abschließende sogenannte Neue Schloss. Herzogin Anna Amalia (1739–1807) wählte Ettersburg 1775 als Sommersitz, ließ den bislang der Jagd vorbehaltenen Park u. a. mit Waldnischen, Einsiedelei, Naturtheater, Aussichtspavillon, Skulpturen umgestalten und im Festsaal des Alten Schlosses einen Komödiensaal einrichten. In diesem deponierte Großherzog Carl August (1757–1828) später seine Gewehrkammer aus dem Residenzschloss. Weimars große Geister waren alle in Ettersburg zu Gast: →*Johann Wolfgang von Goethe* (1749–1832) organisierte im Liebhabertheater 1778 die Uraufführung seines „Jahrmarktsfests zu Plundersweilern", die Landschaft inspirierte ihn auch zu „Wanderers Nachtlied"; →*Friedrich von Schiller* (1759–1805) vollendete hier seine „Maria Stuart". Während des Erfurter Fürstenkongresses veranstaltete Carl August im Oktober 1808 eine Jagd, die auch Napoleon I. (1769–1821) und Zar Alexander I. (1777–1825) mit ihrer Teilnahme krönten. Zu neuer Blüte stieg Ettersburg unter Großherzog Carl Alexander (1818–1901) und Gemahlin Sophie Wilhelmine Maria (1824–1897) auf, die Ettersburg zum Treffpunkt von Prominenten des Kulturlebens machten. Die südliche Freitreppe am Neuen Schloss bekam das Paar zur Hochzeit 1842 vom niederländischen Königshaus geschenkt. Sie beriefen auch Fürst Hermann von Pückler-Muskau (1785–1871), der 1845/55 mit seinem Schüler Eduard Petzold (1815–1891) den sechs Hektar großen Landschaftspark am Nordhang des Ettersberges gestaltete. Nachdem die Anlage 1919 in den Besitz des Landes

Thüringen gekommen war, pachtete der von Herman Lietz (1868–1919) ins Leben gerufene Verbund deutscher Landeserziehungsheime 1923/45 die Anlage für eine Internatsschule (80 Schüler). Berühmtester Zögling war Raketenpionier Wernher von Braun (1912–1977). Nach dem II. Weltkrieg zogen eine Richterschule und bis 1978 ein Altersheim ein. Zur Rettung des Ensembles gründete man 1990 den Förderverein Kuratorium Schloss Ettersburg, welcher seit 2003 künstlerische und sonstige Veranstaltungen koordiniert. Der Eigentümer, die Klassik Stiftung Weimar, übergab das Schloss 2002 per Erbbaurechtsvertrag für 55 Jahre an einen gemeinnützigen Bildungsverein. 2008 nahm hier die Bauhaus Akademie Schloss Ettersburg für Fach- und Führungskräfte im Bereich Bauplanung und Baumanagement ihre Arbeit auf. Außerdem lädt ein Restaurant ein.

Das Neue Schloss Ettersburg mit der vom niederländischen Königshaus geschenkten südlichen Freitreppe.

Schloss und Park Tiefurt

Rund zwei Kilometer flussabwärts von Weimar liegt der zum Grüngürtel der Stadt zählende Park von Tiefurt mit einem Schloss. Um 1206 erstmals urkundlich erwähnt, gehörte das Dorf Tiefurt lange Zeit den dortigen Marschällen und wurde im 16. Jahrhundert Kammergut der Landesherren. Ursprung des Schlosses ist das Gutspächterhaus, welches man 1775 für die Hofhaltung des Prinzen Friedrich Ferdinand Constantin von Sachsen-Weimar-Eisenach (1758–1793) und dessen Erzieher Carl Ludwig von Knebel (1744–1834) nutzte. 1781 verlegte Herzogin Anna Amalia (1739–1807) den Sommersitz von →*Schloss Ettersburg* nach Tiefurt und traf sich an dieser beschaulichen Stätte mit ihrer →*Tafelrunde.* Hier entstand das handschriftlich verfasste Tiefurter Journal, das zwischen August 1781 und Juni 1784 insgesamt 47 Mal von Anna Amalias Hofdame Luise von Göchhausen (1752–1807)

Schloss Tiefurt. Herzogin Anna Amalia verlegte 1781 den Sommersitz in dieses Gemäuer, traf sich hier mit ihrer Tafelrunde.

und dem Oberhofmeister der Herzogin Luise von Sachsen-Weimar-Eisenach (1757–1830), Friedrich Hildebrand von Einsiedel (1750–1828), zusammengestellt wurde. Es enthielt neben Gedichten, Preisfragen und Anekdoten u. a. literarische Beiträge von →*Johann Wolfgang von Goethe* (1749–1832), Johann Gottfried Herder (1744–1803) oder Christoph Martin Wieland (1733–1813). Im Jahre 1799 errichtete man erstmals außerhalb der Heimat des Komponisten Wolfgang Amadeus Mozart (1756–1791) im Tiefurter Park ein Denkmal für ihn (runder Altar mit zwei an eine Lyra gelehnten Theatermasken). Das gesellige Leben um Anna Amalia, zu dem auch die Aufführung kleiner Stücke wie Goethes Singspiel „Die Fischerin" (1782) mit Corona Schröter (1751–1802) in der Titelrolle gehörte, fand mit der Schlossplünderung durch französische Soldaten nach der Schlacht von Jena im Oktober 1806 ein Ende. Unter Großherzog Carl August (1757–1828) entstand hier ein ökonomisches Institut zur Ausbildung von Landwirten. Sein Sohn, Großherzog Carl Friedrich (1783–1853), nutzte Tiefurt wieder als Landsitz. Die 21 Hektar große Parklandschaft geht vor allem auf Hofgärtner Carl Eduard Petzold (1815–1891) zurück. Er verstand es auch, die meist von Martin Gottlieb Klauer (1742–1801) stammenden Denkmäler und Baulichkeiten in den Park zu integrieren: neben dem Mozart-Denkmal z. B. die „Vergil-Grotte" (1776), den „Musentempel" mit der Kalliope (1803), den „Teesalon" (1804). Unter Großherzog Wilhelm Ernst (1876–1923) wurde in dem schlichten zweigeschossigen Rechteckbau mit Holzpergola ein →*Museum* eingerichtet (demonstriert den Zustand zur Zeit Anna Amalias), das wie die Gesamtanlage heute der Klassik Stiftung Weimar untersteht.

Dieser Musentempel der Kalliope wurde 1803 errichtet.

Tafelrunde Anna Amalias

Zu den in Bildmappen und als Kopien seit über 150 Jahren verbreiteten Motiven aus der Zeit um die →*Weimarer Klassik* zählt das als „Tafelrunde" berühmte Aquarell „Abendgesellschaft bei Anna Amalia Herzogin von Sachsen-Weimar-Eisenach", dessen Original zum Bestand der →*Herzogin Anna Amalia Bibliothek* gehört. Georg Melchior Kraus (1737–1806), der selbst zum Kreis der Herzogin zählte und sie im Zeichnen unterrichtete, schuf es um 1795. Die als fünftes von 13 Kindern des Herzogpaares Karl I. (1713–1780) und Philippine Charlotte von Braunschweig-Wolfenbüttel (1716–1801) am 24. Oktober 1739 geborene Anna Amalia sitzt im Zentrum des Bildes. Dieses zeigt zehn Personen (von links): den Maler und Kunstschriftsteller Hofrat Johann Heinrich Meyer (1760–1832), Hofdame Henriette von Fritsch geb. Wolfskeel von Reichenberg (1776–1859), →*Johann Wolfgang von Goethe* (1749–1832), Kammerherr Friedrich Hildebrand von Einsiedel (1750–1828), die Herzogin, Fräulein Elise Gore mit ihrem aus England stammenden Vater, dem Kaufmann und

Dieses berühmte Aquarell von Georg Melchior Kraus (1737–1806) zeigt die Tafelrunde Anna Amalias.

Maler Charles Gore (1726–1807), dessen zweite Tochter Fräulein Emilie Gore, Hofdame Luise von Göchenhausen (1752–1807) sowie den Theologen und Philosophen Johann Gottfried Herder (1744–1803). Anna Amalia war am 16. März 1756 mit Herzog Ernst August II. Constantin von Sachsen-Weimar-Eisenach (1737–1758) vermählt worden. Sie brachte 1757 Erbprinz Carl August (1757–1828) und nach dem frühen Tode ihres Mannes Sohn Friedrich Ferdinand Constantin (1758–1793) zur Welt. Als herzogliche Witwe regierte sie, an die Sachkompetenz ihrer Geheimen Räte gebunden, ab 1759 das Land. Mit strapazierten Staatsfinanzen (durch Siebenjährigen Krieg und kostspielige Hofhaltung) und niedergebranntem →*Residenzschloss* kam es dann 1775 in die Hände des ältesten Sohnes. Nach Abgabe der Regierungsverantwortung, 36 Jahre alt, schuf sich die kunst- und literaturinteressierte Herzogin-Mutter einen Freundeskreis, zu dem neben Adligen des Weimarer Hofes und ihrer eigenen Hofhaltung auch bürgerliche Schriftsteller und Künstler gehörten. Die regelmäßigen Treffen, bei denen Tagesereignisse debattiert,

So ließ sich Anna Amalia in Pompeji 1789 von Johann Heinrich Wilhelm Tischbein (1751–1829) malen.

über Literatur, Kunst, Musik und Theater gesprochen, aber auch musiziert, gemalt, Theater gespielt und Geselligkeit gepflegt wurde, fanden im →*Wittumspalais,* auf →*Schloss Ettersburg* oder →*Schloss Tiefurt* statt. 1788 bis 1790 bereiste sie Italien. Am 10. April 1807 ist sie in Weimar gestorben.

Thüringer Spezialitäten

Drei Kreationen der eher deftigen Thüringer Küche verbinden sich deutschlandweit mit dem Freistaat, gehören zum Lebensstil der Einheimischen und haben auch in der früheren Residenz- und Landeshauptstadt Weimar eine kulinarische Heimat: die Thüringer Klöße, die Thüringer Rostbratwurst und das Rostbrätel!

Thüringer Klöße, die man auch als Grüne Klöße, Hütes oder Knölla bezeichnet, werden per Hand geformt. Obwohl noch vor Jahrzehnten fast jede Familie, ja jedes Dorf das „Originalrezept" verteidigte, bestehen sie in der Regel aus zwei Drittel rohen geriebenen und einem Drittel zerkochten Kartoffeln (auch nur rohe Kartoffelmasse möglich). Das Nationalgericht war früher die Speise armer Leute, wurde frisch zubereitet, aufgewärmt oder gebraten zum Mittags- und Abendmahl gereicht, diente als Brotersatz. Zu den Klößen, die zusammen mit Sauerkraut oder Rotkohl serviert werden, passt dunkles Wild, Sauerbraten, Gulasch, Gans, Pute oder Ente. Die seit 2004 patentrechtlich geschützte (geografische Herkunftsangabe) **Original Thüringer Rostbratwurst** ist laut EU-Verordnung eine mindestens 15 bis 20 cm lange, rohe oder gebrühte, mittelfeine Rostbratwurst im Naturdarm (Schweinedarm oder Schafsaitling), die sich durch ihre herzhaft würzige Geschmacksnote auszeichnet. In die Masse kommen fein gehacktes Schweinefleisch, eventuell entsehntes Kalb- oder Rindfleisch, Salz, Pfeffer sowie eine Würzmischung, zu der Kümmel, Majoran und Knoblauch gehören (51 Prozent der Rohstoffe müssen aus Thüringen stammen). Diese Wurst wird oft vom Holzkohlegrill mit dem Werbeslogan „Rost brennt" zum Kauf angeboten. Das älteste Rezept der Fleischer von Weimar, Jena und Buttstädt von 1613 erhielt sich im Staatsarchiv Weimar. Allerdings soll die Wurst bereits um 1400 auf dem Jenaprießnitzer Bauernmarkt verzehrt worden sein. Im Brötchen wird die Rostbratwurst mit Thüringer Senf (aus gemahlener Senfsaat, Branntweinessig, Meerrettich) gereicht. Auch Thüringer Kartoffelsalat nebst Ketchup passen heute dazu.

Das **Rostbrätel** vom Holzkohlegrill ist eine marinierte Scheibe vom Schweinenacken. Dicke Koteletts (2 bis 3 cm stark) müssen geklopft, gesalzen, gepfeffert, mit Thüringer Senf bestrichen und zwei bis 24 Stunden in einer Schüssel mariniert werden (Marinade aus Zwiebelringen, Pilsner, mitunter Knoblauch, Kümmel). Unter den Biersorten ist besonders das **Köstritzer Schwarzbier** populär. Die bislang vor allem in Bad Sulza und Großheringen angebauten **Weine** Thüringens (54 Hektar) bekommen künftig aus Weimar Konkurrenz. Der sächsische Winzer Dr. Georg Prinz zur Lippe-Weissenfeld (geb. 1957) rebt auf den Gemarkungen Weimar-Tiefurt und -Schöndorf, Kromsdorf und Oßmannstedt 80 Hektar mit der Lagebezeichnung „Weimarer Poetenweg" auf. Eine regionale Gebäckkreation ist der **Zwiebelkuchen,** der auch auf dem Weimarer →*Zwiebelmarkt* angeboten wird.

Bratwurstverkäuferin mit Wurstmobil auf dem Markt.

Universitäten und Hochschulen

Mit der Bauhaus-Universität und der Hochschule für Musik Franz Liszt verfügt Weimar über zwei international renommierte Ausbildungs- und Forschungsstätten, deren Traditionen bis ins 19. Jahrhundert zurückreichen.
Wo einst →*Johann Sebastian Bach* (1685–1750) und →*Franz Liszt* (1811–1886) wirkten, gründete man 1872 die Weimarer Musikschule als erste Orchesterschule Deutschlands. Von Liszt selbst stammte bereits 1835 die Idee, „Fortschrittsschulen der Musik" ins Leben zu rufen. Im Laufe ihrer Geschichte änderte sich nicht nur der Schulname, es wurden auch neue Bereiche angegliedert. 1930 erhielt sie den Status einer Staatlichen Hochschule für Musik und seit 1956 trägt sie den Namen des Initiators. Die Hochschule ist heute über vier historisch bedeutsame Zentren der Stadt verteilt: Neben dem Hauptgebäude nahe des →*Marktes* im 1770 erbauten Fürstenhaus (Platz der Demokratie 2/3) gehört im Stadtzentrum das Klos-

Seit dem Bach-Jahr 1950 fungiert das Fürstenhaus am Platz der Demokratie als Hauptgebäude der Musikhochschule Franz Liszt.

tergebäude (Am Palais 4) dazu. 2001 eröffnete man das Hochschulzentrum am Horn (Carl-Alexander-Platz 1/Leibnitzallee) in der 1854/59 von Carl Heinrich Ferdinand Streichhan (1814–1884) errichteten Kaserne, die wegen ihrer Lage über der Stadt auch „Weimarer Akropolis" genannt wird. Von besonderem Reiz ist der vierte Standort, u. a. in Kavaliershäusern des Ensembles von →*Schloss Belvedere.* Zum rund 200 Personen umfassenden Lehrkörper gehören 80 Professoren. Unter den ca. 880 Studenten sind 30 Prozent Ausländer aus etwa 50 Ländern. Die Hälfte der ausländischen Studenten kommt aus Südkorea, China und Japan. Das Studienangebot umfasst sämtliche Orchesterinstrumente, Klavier, Gitarre, Akkordeon und Blockflöte, Gesang, Musiktheater, Orgel und Cembalo, Komposition, Dirigieren, Musikpädagogik, Schul- und Kirchenmusik. Jazz und Musiktheorie, Musikwissenschaft und Kulturmanagement ergänzen das Spektrum.

An der Bauhaus-Universität Weimar werden seit 150 Jahren wichtige Kapitel deutscher Kunst- und Baugeschichte geschrieben. Sie geht in gerader Linie auf die 1860 von Großherzog Carl Alexander (1818–1901) gegründete Kunstschule zurück, die Henry van de Velde (1863–1957) im Jahre 1907 um eine Kunstgewerbeschule ergänzte. Walter Gropius (1883–1969) vereinte beide 1919 zum →*Bauhaus.* Nach dessen Selbstauflösung arbeitete die Alma Mater 1925 unter Otto Bartning (1883–1959) als Hochschule für Handwerk und Baukunst weiter, bot erstmals auch eine reguläre Architektenausbildung an. Die Ideologie des →*Nationalsozialis-*

Das Hauptgebäude der Bauhaus-Universität Weimar. Es wurde 1904 bis 1911 nach Plänen Henry van de Veldes (1863–1957) errichtet.

mus verkörperte ab 1930 Direktor Paul Schultze-Naumburg (1869–1949) und richtete die Hochschule u. a. auf heimattümliche Werte aus. Eine Reform im Geiste demokratischer Aufbaubestrebungen begann nach dem II. Weltkrieg unter Hermann Henselmann (1905–1995). Zu DDR-Zeiten wurde hier zuerst eine reine Hochschule für Architektur eingerichtet, welche vor allem Fachleute für die Bauprogramme des sozialistischen Städte- und Industriebaues ausbilden sollte. 1953 erweiterte man die Hochschule um Fakultäten für Bauingenieurwesen sowie für Baustoffkunde und Baustofftechnologie (später Baustoffingenieurwesen). In den Jahren nach der demokratischen Wende konnte sich eine weltoffene Hochschule mit modernem und zukunftsweisendem Profil etablieren, die man in Erinnerung der großen Traditionen 1995 in Bauhaus-Universität Weimar umbenannte. An mehr als 20 Standorten in der Stadt bestreiten 500 akademische Mitarbeiter (darunter 105 Professoren) in den vier Fakultäten Architektur, Bauingenieurwesen, Gestaltung (seit 1993) und Medien (seit 1996) die Lehre für rund 4000 Studenten (darunter ca. 600 ausländische Studenten) aus 40 Ländern. Das 1904/11 nach Plänen Henry van de Veldes errichtete Hauptgebäude (Geschwister-Scholl-Straße 8) gehört zu den bedeutendsten Kunstschulbauten der Jahrhundertwende und war 1919 Gründungsort des Bauhauses. Es zählt zum →*Weltkulturerbe.* Neben anderen modernen Gebäuden stehen in zentraler Lage (Steubenstraße 6) seit 2005 der Neubau der Universitätsbibliothek mit 5000 qm Hauptnutzfläche und das Audimax zur Verfügung.

Die 2005 fertiggestellte Bibliothek der Bauhaus-Universität Weimar. Zum Wahrzeichen ist der riesige Holzstuhl geworden.

Weimar in Zahlen

Die kreisfreie Stadt an einem Bogen der Ilm (Flusslänge 14,6 Kilometer) ist nach Erfurt, Jena und Gera die viertgrößte Thüringens und weist das höchste Bevölkerungswachstum auf. 208 Meter über dem Meeresspiegel gelegen (höchster Punkt: Großer Ettersberg mit 478 Meter über NN), beherbergt die 84,26 Quadratkilometer große Stadt 64 483 Einwohner (30. September 2007). Zu Weimar gehören folgende Stadtteile und Ortsteile (Jahr der Eingemeindung in Klammern): Altstadt, Nordvorstadt, Parkvorstadt, Westvorstadt, Nordstadt, Südstadt, Weststadt, Industriegebiet Nord, Industriegebiet West, Schönblick, Gaberndorf (1994), Gelmeroda (1994), Legefeld (1994), Niedergrunstedt (1994), Oberweimar/Ehringsdorf (1922), Possendorf (1994), Schöndorf (1939), Süßenborn (1994), Taubach (1994), Tiefurt (1922), Tröbsdorf (1994). Die größte Nord-Süd-Ausdehnung beträgt 13,5 und die größte Ost-West-Ausdehnung der Stadt 11,8 Kilometer. Folgende Daten stammen von 2006: 574 Geburten und 657 Todesfälle, 343 Eheschließungen und 126 Scheidungen. Die Zahl der in der Stadt lebenden Ausländer stieg von 791 im Jahre 1993 auf 2638, welche aus 85 Ländern stammen. 57,2 % kommen aus den Staaten Europas, 31 % aus Asien, 7,9 % aus Amerika, 3,3 % aus Afrika und 0,2 % aus Australien/Ozea-

Das Stadtwappen zeigt einen aufsteigenden Löwen auf goldenem, mit roten Herzen übersätem Feld.

nien. Die Katholische Kirche zählt 4839 und die Evangelische Kirche 12 332 Mitglieder. 21 127 Weimarer sind in Voll- oder Teilzeit sozialversicherungspflichtig beschäftigt. Beachtlich ist die Zahl der Berufseinpendler (10 828) und Berufsauspendler (8085). Die Quote der abhängig zivilen Erwerbspersonen beträgt im Durchschnitt 18,5 % (5119 Personen). Auf dem Territorium der Stadt existieren 763 Handwerksbetriebe und 3692 Mitgliedsbetriebe der Industrie- und Handwerkskammer (u. a. 1577 Dienstleistungen, 794 Einzelhandel, 319 Gaststätten/Beherbergung). In Weimar sind 33 010 Kraftfahrzeuge angemeldet. Es gibt 157 niedergelassene Ärzte (u. a. 52 Zahnärzte, 28 Fachärzte für Allgemeinmedizin, 19 Fachärzte für Innere Medizin, 10 Gynäkologen, 6 Augenärzte und 6 Kinderärzte). An Sportstätten existieren (Zahlen vom März 2007): 1 Freibad, 1 Schwimmhalle, 1 Stadion, 8 Sportplätze, 4 Kegelsportanlagen, 3 Bowlinganlagen, 2 Tennissportanlagen, 1 Tennishalle, 22 Sporthallen, 1 Schießsportanlage, 6 Fitnessstudios, 1 Kanusportanlage, 1 Boxhalle, 1 Judo- und Fechthalle. Im Jahr 2007 bestanden 41 Beherbergungsstätten mit 3517 Betten. Man zählte 286 695 Ankünfte von Reisenden mit 552 034 Übernachtungen. Die mittlere Verweildauer betrug 1,9 Tage. Die →*Museen* der Klassik Stiftung Weimar hatten im gleichen Jahr 660 905 Besucher. Zusammen mit den weiteren Museen (Deutsches Bienenmuseum, Stadtmuseum, Museum für Ur- und Frühgeschichte, Albert-Schweitzer-Begegnungsstätte) betrug die Besucherzahl 714 460. Das →*Deutsche Nationaltheater* zählte auf seinen Bühnen 176 684 Zuschauer.

Noblesse in der Lobby vom Hotel Elephant.

Weimaraner

Dieser Begriff bezeichnet heute eine anerkannte deutsche Hunderasse, den Weimaraner Vorstehhund. Bis zu 70 Zentimeter hoch und etwa 40 Kilogramm schwer, wird er hauptsächlich zur Jagd, weniger als Haushund geführt. Man züchtet ihn in zwei Schlägen mit differenzierter Fellstruktur als Kurzhaar- oder Langhaarhund. Charakteristisch sind das silber-, reh- bzw mausgraue Fell sowie die hell bis dunkel bernsteinfarbenen Augen (bei Welpen blau). Nachweisbar ist, dass man die Rasse Anfang des 19. Jahrhunderts am Hofe zu Weimar von Großherzog Carl August von Sachsen-Weimar-Eisenach (1757–1828) hielt. Ab 1890 wurden die Weimaraner in Thüringen planmäßig gezüchtet und 1897 der „Verein zur Reinzucht des silbergrauen Weimaraner-Vorstehhundes" gegründet. Heute ist der „Weimaraner Klub e. V." der offizielle Zuchtverband für diese Rasse. Der vielseitige Jagdhund bedarf bei der Erziehung und Ausbildung eines hohen Maßes an Konsequenz und Durchsetzungsvermögen. Da er alles andere als Schwäche auslegt, ist der gehorsame, anhängliche, freundliche und mutige Hund nur für eine scharfe Autorität geeignet. Seit der →*Weimarer Klassik* wurde der Begriff des Weimaraners vereinzelt auch für die Bürger der Stadt angewendet. So ist von →*Johann Wolfgang von Goethe* (1749–1832) überliefert, dass er in „Zahme Xenien" schreibt: „Gott grüß' euch, Brüder, Sämtliche Oner und Aner! Ich bin Weltbewohner, Bin Weimaraner."

Weimarer Klassik

In der deutschen Literatur umfasst der Begriff der Weimarer Klassik oder deutschen Hochklassik (lat. classicus: erstrangig, mustergültig) einen Höhepunkt der deutschen Nationalliteratur um 1800, in der die vier prominenten literarischen Persönlichkeiten Christoph Martin Wieland (1733–1813), →*Johann Wolfgang von Goethe* (1749–1832), Johann Gottfried Herder (1744–1803) und →*Friedrich von Schiller* (1759–1805) im Kulturraum Weimar-Jena wirkten. Da die verwitwete Herzogin Anna Amalia (1739–1807) Wieland im Jahre 1772 als Erzieher ihrer beiden Söhne nach Weimar berief, müsste 1772 bereits das Anfangsjahr der Weimarer Klassik sein. Häufig wird der Begriff jedoch benutzt, den Zeitraum zu beschreiben, der nach Goethes erster Italienreise 1786 beginnt. Erschwert wird die Abgrenzung dieser Epoche auch durch die Tatsache, dass sich die vier herausragenden Weimarer selbst nicht als Klassiker bezeichneten und auch nie alle zeitgleich besondere persönliche Beziehungen unterhielten. Ein verbindendes Element ihrer Werke besteht darin, dass sie nicht der frühromantischen Strömung angehörten. Im engeren Sinne beschreibt die Weimarer Klassik jedoch die elfjährige Freundschaft und gemeinsame Schaffensperiode Goethes und Schillers. Diese begann mit dem gemeinsamen Kennenlernen in Jena 1794 und endete mit Schillers frühem Tod.

Beide Heroen der Geistesgeschichte teilten eine gemeinsame Welt- und Kunstauffassung sowie ihr von Toleranz geprägtes universelles humanistisches Weltbild. Ihnen war die Autonomie der Kunst wichtig und sie waren davon überzeugt, mit Mitteln der Literatur und Kunst zur ästhetischen Erziehung des Menschen und zu einer humanen Gestaltung der Lebenswelt beizutragen. Goethe pflegte diese Geisteshaltung nach Schillers Tod allein weiter. Die Weimarer Klassik knüpfte an die Werte der Antike und der europäischen und deutschen Aufklärung an. Als beispielhafte Werke gelten Schillers Dramen „Don Carlos“ (1787), seine „Wallenstein-Trilogie“ (1798/99) oder „Wilhelm Tell“ (1804). Im sogenannten „Balladenjahr“ 1797 verfassten beide eine Reihe wichtiger

Texte wie „Der Taucher“, „Der Handschuh“, „Die Kraniche des Ibykus“, „Der Zauberlehrling“. Zu den klassischen Dichtungen Goethes zählen seine Dramen „Iphigenie auf Tauris“ (1787), „Hermann und Dorothea“ (1798) und „Faust I“ (1808). Auf dem Gebiet der Lyrik sind die „Römischen Elegien“ (1788-90) und die „Venezianischen Epigramme“ (1796) zu nennen. In der Epik wurden „Wilhelm Meisters Lehrjahre“ (1795) zum Modell des deutschen Bildungsromans. Die Weimarer verwenden für diese außerordentlich fruchtbare Zeit auch die Bezeichnung „Goldenes Zeitalter“.

Das 1857 eingeweihte Goethe- und Schiller-Denkmal vor dem Deutschen Nationaltheater.

Weimarer Republik und Nationalversammlung

Der Name Weimarer Republik beschreibt den Zeitraum zwischen dem Ende der Monarchie (9. November 1918) und dem Beginn der Diktatur des →*Nationalsozialismus* (30. Januar 1933) in Deutschland. Dass die damalige Hauptstadt Thüringens Namensgeber für die Republik wurde, verdankt sie einer Entscheidung des sozialdemokratischen Rates der Volksbeauftragten. Dieser bestimmte aus Gründen der Sicherheit, dass die am 19. Januar 1919 gewählte verfassunggebende Deutsche Nationalversammlung nicht nach dem von revolutionären Kämpfen erschütterten Berlin, sondern nach Weimar einberufen wurde. In Weimar standen im →*Deutschen Nationaltheater* ein repräsentativer Saal und im →*Residenzschloss* gute Arbeitsbedingungen für Regierung und Fraktionen zur Verfügung. Die Tagungsstätte ließ sich durch 4000 Angehörige des Freiwilligen Landesjägerkorps unter Generalmajor Georg Ludwig Rudolf Maercker (1865–1924) sowie 80 Berliner Polizei- und Kriminalbeamte effektiv sichern. Zum militärischen Sperrgürtel um die Stadt, der nur mit Passierschein betreten werden durfte, gehörten 35 Dörfer. Zwischen Berlin und Weimar verkehrten täglich ein Parlamentszug und ab 5. Februar 1919 ein Kurierflugzeug. Alle 432 Abgeordneten der Weimarer Nationalversammlung (u. a. 165 SPD, 22 USPD, 91 Zentrum und Bayerische Volkspartei, 75 Deutsche Demokratische Partei, 44 Deutschnationale Volkspartei, 18 Deutsche Volkspartei) und ihre Mitarbeiter waren in Hotels, Pensionen und Bürgerquartieren untergebracht. 83 Sitzungen fanden nach der Eröffnung am 6. Februar 1919 in Weimar statt. Die Koalition aus SPD, DDP und Zentrum wählte Friedrich Ebert (1871–1925) als Reichspräsident und Philipp Scheidemann (1865–1939) als Ministerpräsident. Nach dem Rücktritt Scheidemanns stimmte die Nationalversammlung Ende Juni dem Friedensvertrag von Versailles zu und nahm am 31. Juli 1919 die Weimarer Reichsverfassung an (Unterzeichnung durch Ebert am 11. August), die das demokratische Prinzip der Volkssou-

veränität postulierte – „Die Staatsgewalt geht vom Volke aus". Das Deutsche Reich wurde damit erstmals eine parlamentarische Demokratie mit in der Verfassung verankerten liberalen und sozialen Grundrechten. Ende August 1919 ging die Nationalversammlung nach Berlin, wo weitere 87 Tagungen folgten. Durch Inflation, Reparationszahlungen und Massenarbeitslosigkeit hatte die Demokratie der Weimarer Republik mit immensen wirtschaftlichen Problemen zu kämpfen, war durch zahlreiche innen- und außenpolitische Konflikte zerrüttet. Nach dem Erstarken nationalsozialistischer und konservativ-nationaler Kräfte wurde sie ein Opfer ihrer Widersprüchlichkeit bzw. Krisenanfälligkeit und fand mit Adolf Hitlers (1889–1945) Berufung zum Reichskanzler ihr Ende.

Tagung der Nationalversammlung 1919 im Deutschen Nationaltheater.

1999 wurde die Neue Weimarhalle eröffnet.

Weimarhalle

Im Zentrum Weimars eröffnete nach 18 Monaten Bauzeit am 26. Juni 1999 das von der Congresscentrum Neue Weimarhalle und der Tourismusservicegesellschaft betriebene Multifunktionshaus der Stadt am UNESCO-Platz 1. Meinhard von Gerkan (geb. 1935) baute das 104-Millionen-Objekt mit einem großen Saal (1200 Plätze) sowie diversen weiteren Konferenzräumen (insgesamt 2500 qm Ausstellungsfläche), Restaurant, vier VIP-Garderoben, sechs Gruppengarderoben und Tiefgarage für 2000 Autos an der historischen Gartenanlage des idyllischen Weimarhallenparks mit seinem Teich. Bemerkenswert sind die mobilen Wandsysteme und die Tatsache, dass sich die Außenwände des Großen Saales der Neuen Weimarhalle vollständig öffnen lassen. Das mit 2400 qm Holztäfelung („black cherry"), 4600 qm Muschelkalkverkleidung und 3000 qm Glasflächen versehene Gebäude wurde 2001 mit dem „Honor Award" des United States Institute for Theatre Technology Syracuse/New York ausgezeichnet. Die Geschichte reicht weit ins 20. Jahrhundert zurück. Bereits um 1909 gab es Bemühungen um eine Stadthalle, die allerdings am I. Weltkrieg scheiterten. Erst 1930 begann nach Entwürfen von Max und Günther Vogeler an der Rückseite des Bertuchhauses (heutiges →*Museum* der Stadt) der Bau der am 12. März 1932 eingeweihten Weimarhalle. Der große Saal mit 2000 und ein kleiner mit 500 Plätzen waren miteinander verbunden und mit den umgebenden Wandelgängen kombinierbar. Auf der Bühne fanden 400 Sänger Platz. Nach 1945 spielte hier bis zum Wiederaufbau des eigenen Hauses das Ensemble des →*Deutschen Nationaltheaters.* Danach requirierte die sowjetische Garnison die Weimarhalle als Kulturhaus. Ab 1974 diente das Haus als Kultur- und Kongresszentrum.

Weißer Schwan

Zu den berühmtesten Weimarer Gasthäusern und früheren Herbergen zählt der „Weiße Schwan" (Frauentorstraße 23) direkt neben →*Goethes Wohnhaus* Das Gebäude taucht bereits auf dem Stadtplan von 1569 auf und war nachweislich 1638 Wirtshaus. Als Besitzer des „Gasthofes zum Schwane" lässt sich 1688 ein Sebastian John namhaft machen. →*Johann Wolfgang von Goethe* (1749–1832) adelte das Haus, indem er seine Besucher hier einquartierte und 1827 an den Komponisten Karl Friedrich Zelter (1758–1832) schrieb: „Der

Am Gasthaus „Zum Weißen Schwan" warten an schönen Tagen die Weimarer Kutscher auf Touristen.

Die Gaststube im historischen Ambiente strahlt Weimarer Gemütlichkeit aus.

weiße Schwan begrüßt Dich jederzeit mit offenen Flügeln!" Im „Weißen Schwan", den u. a. eine Büste Goethes ziert und in dessen äußerer Westwand links unten (Wand mit dem Namenszug „Gasthaus zum weißen Schwan") eine Kanonenkugel von 1806 eingemauert ist, logierten jede Menge Berühmtheiten: u. a. Bildhauer Christian Daniel Rauch (1777–1857), die →*Maler Arnold Böcklin* (1827–1901), Franz von Lenbach (1836–1904), Eduard Weichberger (1843–1913), Musiker wie →*Franz Liszt* (1811–1886) und Peter Cornelius (1824–1874) oder der Chemiker und Vordenker für das Periodensystem der Elemente Johann Wolfgang Döbereiner (1780–1849).

Weltkulturerbe Weimar

Weimars globale Bedeutung würdigte das Welterbekomitee der UNESCO, indem es auf seiner 23. Sitzung am 2. Dezember 1998 in Kyoto/Japan das Ensemble „Klassisches Weimar" als 20. Stätte Deutschlands in die Liste des Welterbes aufnahm. Die Entscheidung wurde mit der großen kunsthistorischen Bedeutung öffentlicher und privater Gebäude und Parklandschaften aus der Blütezeit der →*Weimarer Klassik* begründet. Zum Welterbe-Ensemble „Klassisches Weimar" gehören: →*Goethes Wohnhaus*, →*Schillers Wohnhaus*, das →*Wittumspalais*, die →*Herzogin Anna Amalia Bibliothek*, das →*Residenzschloss*, die Stadtkirche

mit Herderhaus und Altem Gymnasium als bedeutendste →*Kirche,* die →*Fürstengruft* mit dem historischen →*Friedhof,* der →*Park an der Ilm* mit dem Römischen Haus, →*Goethes Gartenhaus* mit Garten, →*Schloss Belvedere* mit Schlosspark und Orangerie, →*Schloss Tiefurt* mit Schlosspark, →*Schloss Ettersburg* mit Schlosspark.

Bereits 1996 registrierte man das →*Bauhaus* und seine Stätten in Weimar und Dessau in der Welterbeliste der UNESCO. In Weimar sind dies das Hauptgebäude der Bauhaus-Universität Weimar (einstige Großherzoglich-Sächsische Kunstschule), der kleine Van-Velde-Bau (ehemalige Großherzoglich-Sächsische Kunstgewerbeschule) sowie das Haus Am Horn.

Außerdem nahm das International Advisory Committee der UNESCO am 29. Juni 2001 in Korea den gesamten im →*Goethe- und Schiller-Archiv* aufbewahrten Bestand von →*Johann Wolfgang von Goethe* (1749–1832) in ihr Register „Gedächtnis der Menschheit"/„Memory of the World" auf. Damit zählen die in 480 Archivkästen aufbewahrten poetischen Manuskripte, Tagebücher, wissenschaftlichen Arbeiten und Korrespondenzen Goethes sowie 20 000 an den Dichter gerichtete Briefe zu weltweit rund 158 Objekten (zehn in Deutschland) von besonderer Einzigartigkeit und dokumentarischer Kraft. Diese sollen u. a. über Internet zugänglich gemacht werden.

Blick auf Weimar. Im Vordergrund das zum Weltkulturerbe zählende historische Stadtzentrum mit Residenzschloss und Herderkirche.

Wittumspalais

Auf dem Gelände des spätbarocken, übereck stehenden zweigeschossigen Baues mit Mansarddach befand sich seit 1453 das von Herzog Wilhelm III. (1425–1482) gestiftete und 1533 aufgelöste Franziskanerkloster. Minister Jakob Friedrich Freiherr von Fritsch (1731–1814), der zur Zeit der Vormundschaftsregierung von Herzogin Anna Amalia (1739–1807) an der Spitze des Geheimen Consiliums stand, ließ sich das repräsentative Stadtpalais (Am Palais 3) in den Jahren 1767/69 von Johann Gottfried Schlegel errichten. Nach dem Brand des →*Residenzschlosses* übergab von Fritsch das Palais an Anna Amalia, die es 1775 für 20 100 Reichstaler kaufte und bis zu ihrem Tode 33 Jahre lang als Witwensitz (Wittum) bewohnte. Adam Friedrich Oeser (1717–1799) übernahm ab 1775 die Ausstattung der Innenräume, der Festsaal wurde 1804/05 neu im Stil des Klassizismus gestaltet. Bei der Gestaltung ihrer Salons und Kabinette ließ sich die Herzogin-Witwe auch von →*Johann Wolfgang von Goethe* (1749–1832) und Johann Heinrich Meyer (1760–1832) beraten. Der von Anna Amalia angelegte Garten musste weichen, als durch Aufschüttungen der Theaterplatz und die heutige Einkaufsstraße entstanden. Die Erhöhung des Bodens hatte auch zur Folge, dass das Erdgeschoss den Charakter eines Souterrains erhielt. Im Wittumspalais traf sich die legendäre →*Tafelrunde* Anna Amalias. Ab 1791 stellte die Hausherrin fünf Jahre lang ihr Palais für Goethes „Freitagsgesellschaft“ zur Verfügung. Diese traf sich hier zur Diskussion wissenschaftlicher Themen und zu Experimentalvorführungen. Nach Anna Amalias Tod war das Palais ab 1808 Treffpunkt der Freimaurerloge „Anna Amalia zu den drei Rosen“. In den Jahren nach 1817 nutzte auch der sachsen-weimarische Landtag den Festsaal für Versammlungen. Zwischen 1848 und 1860 dienten Räume als →*Lesemuseum.* Den Festsaal nutzte ab 1858 sogar der Maler Leopold Graf von Kalckreuth (1855–1928) als Atelier und Friedrich Preller d. Ä. (1804–1878) malte hier seinen Odysseus-Zyklus. Großherzog Carl Alexander von Sachsen-Weimar-Eisenach (1818–1901) ließ das verwahrloste Gebäude instand setzen, im Stile Anna Amalias möblieren und

1875 als Museum eröffnen. Die Einrichtungs- und Kunstgegenstände, zu denen Musikinstrumente, Gemälde, Porträts, Büsten und Silhouetten zählten, ergänzten sich in geschmackvoller Weise. 1945 zerstört, nach umfangreichen Sanierungsarbeiten 1949 wiedereröffnet und auch später grundlegend baulich rekonstruiert, beherbergte das Gebäude hier von 1963 bis Mitte der 1990er- Jahre u. a. ein Wieland-Museum. Das der Klassik Stiftung Weimar gehörende Wittumspalais ist heute ein →*Museum,* dessen Schwerpunkt auf dem adligen Wohnambiente um 1800 liegt.

Das Wittumspalais von der Schillerstraße aus gesehen. Seit dem Schlossbrand 1774 residierte hier Herzogin Anna Amalia.

Zwiebelmarkt

Das größte Thüringer Volksfest mit alljährlich schätzungsweise 350 000 Besuchern wird am 2. Oktober-Wochenende von Freitag bis Sonntag in der historischen Innenstadt veranstaltet. Hier verkaufen die Heldrunger Zwiebelbauern die kunstvoll gefertigten Zwiebelrispen bzw. Zwiebelzöpfe, präsentieren Töpfer und andere Thüringer Handwerker ihre Ware, laden deftige Zwiebel- und Speckkuchen zum Probieren ein. Zu den über 550 Marktständen und verschiedenen Bühnen auf allen Straßen, Plätzen und Gassen gehört das unverwechselbare Flair aus Gedränge, Musik und frisch gezapftem Bier. Alles mischt sich mit dem würzigen Duft der Original Thüringer Bratwürste, dem Aroma von Zwiebeln, Majoran und Sellerie. Der Zwiebelmarkt oder Zwiebelkirmse ist der einzige Markt, der sich als typisches Volksfest mit seiner örtlichen Eigenart seit dem Mittelalter bis in heutige Tage erhalten hat. Er entwickelte sich aus dem jährlichen Markt für Obst und Feldfrüchte und wurde am 4. Oktober 1653 erstmals als „Viehe- und Zippelmarkt" erwähnt. Um 1886 (damals betrug der Preis für eine Heldrunger Zwiebel-Rispe 20 Pfennige) fand der Zwiebelmarkt ein bis drei Tage lang auf dem Frauenplan vor dem →*Goethehaus* und in der heutigen Schillerstraße statt. Extra Zwiebelwagen, von Planburschen aufwendig geschmückt, waren das Symbol des Marktes. Parallel veranstaltete man auf Herderplatz, Teichplatz und Am Graben den Töpfermarkt. Die Händlerinnen reisten dafür u. a. aus Bürgel, Jena und Orlamünde an. Lange Zeit vernachlässigt, fand die Tradition des Töpfermarktes nach 1991 wieder ihre Renaissance.

Zwiebelverkauf auf dem Markt.

Chronik von 899 bis heute

899: Erste urkundliche Erwähnung als „Vvigmara" in einer Urkunde des Kaisers Arnulf von Kärnten (wohl 850–899).
975: Ein „Wimares" im Zusammenhang mit einem Hoftag Ottos II. (955 – 983) erwähnt.
984: Ersterwähnung einer Burg in Weimar. Seit Ende des 9. Jh. Sitz der Grafen von Weimar-Orlamünde.
1002: Anhänger Kaiser Ottos III. (980–1002) brechen die Belagerung der Burg des Grafen Wilhelm II. von Weimar (930/35–1003) erfolglos ab.
1060: Die Lokalherrscher dehnen ihr Gebiet aus, nennen sich Grafen von Weimar-Orlamünde.
1168: Siedlung auf dem Jakobshügel erhält eine Kirche.
1240/44: Grafen von Weimar-Orlamünde richten in Oberweimar ein Zisterzienserinnen-Kloster ein.
1245/49: Bau der späteren Stadtkirche St. Peter (1433 den Aposteln Peter und Paul geweiht).
1247: Aussterben der ludowingischen Landgrafen von Thüringen. Die Markgrafen von Meißen aus dem Hause Wettin erben die Landgrafschaft Thüringen. Von ihnen müssen die Grafen von Orlamünde 1346 Weimar zum Lehen nehmen.
1253/54: Weimar erstmals als Stadt bezeichnet: „in civitate nostra Wimare".
1372: Geschlecht der Grafen von Weimar und Orlamünde stirbt mit Hermann VI. (†1372) aus Die Stadt kommt 1373 in den Besitz der Markgrafen von Meißen und Landgrafen von Thüringen aus dem Hause Wettin.
1410: Die Wettiner verleihen Weimar Stadtrecht und Stadtfreiheit.
1424: Stadtbrand vernichtet große Teile der Stadt, Burg, Stadtkirche und Rathaus.
1432: Am Markt entsteht ein Kaufhaus mit Bäcker-, Fleischer-, Leder- und Schuhbänken.
1439: Die gotische Burg Hornstein ist mit Schlosskirche fertiggestellt.
1445: Herzog Wilhelm III. (1425–1482) wählt Weimar als bevorzugte Residenz.
1453: Wilhelm III. stiftet das Franziskanerkloster an der Stadtmauer.
1485: Wettinische Landesteilung in Leipzig. Weimar fällt an die Ernestiner, wird Nebenresidenz.
1498/1500: Neubau St. Peter und Paul als spätgotische Hallenkirche, sie wird Grablege des Herrscherhauses.
1523: Beginn der Reformation unter Friedrich III. (1463–1525) und seinem in Weimar residierenden Bruder Johann dem Beständigen (1468–1532).

1526: Rathaus-Neubau.
1531: Fürstliche Hofordnung erhebt Weimar neben Wittenberg und Torgau zur Hauptresidenz.
1545/1603: Umbau des Hornsteins zum Renaissanceschloss.
1547: Nach dem Schmalkaldischen Krieg geht die Kurwürde an die Albertiner verloren (sie regieren nun als „Herzöge von Sachsen"), Weimar wird dauernde Residenz des geschrumpften Besitzes der Ernestiner.
1552: Der vormalige Kurfürst Johann Friedrich der Großmütige (1503–1554) kehrt aus fünfjähriger Gefangenschaft bei Karl V. (1500–1558) zurück, wählt nach dem Verlust des Kurkreises Wittenberg Weimar zur neuen Residenz des Herzogtums Sachsen-Weimar. Im Gefolge kommt Lucas Cranach d. Ä. (1472–1553) in die Stadt.

Empfang des aus der Gefangenschaft zurückkehrenden Kurfürsten Johann Friedrich d. Großmütigen 1552. Historiengemälde von Hans W. Schmidt (1859–1950).

ab 1572: Erbansprüche und Landesteilungen führen zur Zersplitterung des Gesamthauses der Ernestiner in Haupt- und Nebenlinien. Beginn der Kleinstaaterei in Thüringen. Als Hauptlinie entsteht das Herzogtum Sachsen-Weimar.
1613: Thüringische Sintflut.
1617: Gründung der „Fruchtbringenden Gesellschaft" (bedeutendste deutsche Sprachgesellschaft des 17. Jh.) im Weimarer Schloss.
1618: Schlossbrand.
1618/48: Dreißigjähriger Krieg.
1653: Weimarer Zwiebelmarkt erstmals erwähnt.
1690: Früheste Erwähnung des Ratsarchivs.
1708: Johann Sebastian Bach (1685–1750) übersiedelt von Mühlhausen nach Weimar, wirkt bis 1717 als Hoforganist und Konzertmeister der Hofkapelle.
1741: Herzogtum wird um den Landesteil Eisenach erweitert, die Verwaltungen bleiben allerdings getrennt.
1759: Die verwitwete Herzogin Anna Amalia (1739–1807) tritt Regentschaft für ihren minderjährigen Sohn an, beruft 1772 Christoph Martin Wieland

Die Wilhelmsburg Weimar während des Brandes am 6. Mai 1774.

(1733–1813) als Prinzenerzieher nach Weimar. Beginn des kulturellen Aufschwungs.

1774: Großbrand vernichtet Schloss, Schlosskirche und Schlosstheater.

1775: Regierungsübernahme durch Herzog Carl August (1757–1828). Weimar wird ein kulturelles und literarisches Zentrum Europas.

Johann Wolfgang von Goethe (1749–1832) trifft in Weimar, das etwa 6000 Einwohner zählt, ein.

1776: Johann Gottfried Herder (1744–1803) kommt als Superintendent in die Stadt.

1789: Start des Schlossneubaus.

1791: Gründung des Hoftheaters, das bis 1817 unter Goethes Leitung steht. Fried-

rich Justin Bertuch (1747–1822) gründet sein Industrie-Comptoir.
1799: Endgültige Übersiedlung Friedrich Schillers (1759–1805) nach Weimar.
1806: Die Truppen Napoleon Bonapartes (1769–1821) besetzen die Stadt.
1809: Per Verfassung entsteht das Herzogtum Sachsen-Weimar-Eisenach aus der Zusammenlegung der beiden ernestinischen Herzogtümer Sachsen-Weimar und Sachsen-Eisenach.
1813: Erstes Waisenhaus durch Johannes Daniel Falk (1768–1826) gegründet.
1815: Das Herzogtum Weimar wird auf dem Wiener Kongress zum Großherzogtum erhoben. Dabei kommt es zu einer Vergrößerung des Landes (um Teile des Kreises Neustadt a. d. Orla, Teile der Mainzer Enklave Erfurt und weitere kleine Herrschaften). Großherzog Carl August gibt als erster deutscher Fürst am 5. Mai 1816 seinem Land eine liberale, sog. landständische, Verfassung.
1825: Bau der Fürstengruft durch Clemens Wenzeslaus Coudray (1775–1845).
1842: Ernennung von Franz Liszt (1811–1886) zum Außerordentlichen Hofkapellmeister. Von 1848 bis 1861 wirkt er in der Stadt.
1846: Weimar erhält Eisenbahnanschluss nach Halle und Erfurt.
1857: 4. September. Enthüllung des Goethe- und Schiller-Denkmals von Ernst Rietschel (1804 –1861).
1860: Herzogliche Kunstschule (seit 1910 Kunsthochschule) eröffnet.
1870/71: Deutsch-Französischer Krieg. Gründung Deutsches Reich.
1872: Weimarer Orchesterschule (später Herzogliche Musikschule, seit 1930 Hochschule für Musik) gegründet.
1885: Goethe-Nationalmuseum, Goethe-Archiv (seit 1889 Goethe- und Schiller-Archiv) und Goethe-Gesellschaft gegründet.
1889: Richard Strauss (1864–1949) wird Kapellmeister.
1900: Friedrich Nietzsche (1844–1900) stirbt in Weimar.
1908: Einweihung des neuen Hoftheaters (ab 1919 Deutsches Nationaltheater).
1914: Weimar hat 36 894 Einwohner.
1914/18: Erster Weltkrieg.
1918: 9. November. Mit der Abdankung von Großherzog Wilhelm Ernst (1876–1923) endet die Monarchie. Weimar hat über 35 000 Einwohner. Bis 1920 ist Sachsen-Weimar-Eisenach ein Freistaat.
1919: Im Deutschen Nationaltheater nimmt die verfassunggebende Deutsche Nationalversammlung die Weimarer Verfassung an. Nach ihrem Gründungsort nennt man die erste deutsche Demokratie „Weimarer Republik“. Architekt Walter Gropius (1883–1969) gründet das Staatliche Bauhaus Weimar

(u. a. nach 1925 als Hochschule für Handwerk und Baukunst, bis 1996 als Hochschule für Architektur und Bauwesen weitergeführt).

1920: Weimar wird Landeshauptstadt des aus acht Kleinstaaten (ehemaliges Großherzogtum Sachsen-Weimar-Eisenach, ehemalige Herzogtümer Sachsen-Altenburg, Sachsen-Gotha, Sachsen-Meiningen, die ehemaligen Fürstentümer Schwarzburg-Rudolstadt und Schwarzburg-Sondershausen sowie Reuß Ältere Linie und Reuß Jüngere Linie, der Teil Coburg des Herzogtums Sachsen-Coburg-Gotha geht nach Volksabstimmung an Bayern) gegründeten Landes Thüringen (bis 1952), hat etwa 40 000 Einwohner.

1932: Deutschland feiert zum 100. Todestag des Dichters ein „Welt-Goethe-Jahr". Die NSDAP wird bei den Landtagswahlen mit 42,5 % stärkste Partei und bildet mit dem Thüringer Landbund die erste nationalsozialistische Regierung Deutschlands mit Sitz in Weimar. Weimar hat 51 393 Einwohner. Weimarhalle nimmt Betrieb auf.

1933: 30. Januar. Mit der Ernennung Adolf Hitlers (1889–1945) zum Reichskanzler beginnt die unheilvolle nationalsozialistische Diktatur.

1937: Nationalsozialisten errichten auf dem Ettersberg das Konzentrationslager Buchenwald. 1945 entsteht an gleicher Stelle ein sowjetisches Internierungslager.

US-Soldaten auf dem Markt. Am 12. März 1945 marschierten Einheiten der III. US-Armee in Weimar ein, hielten die Stadt 81 Tage lang besetzt.

1939/45: Zweiter Weltkrieg.

1945: Februar. Schwere Zerstörung der Innenstadt durch alliierte Luftangriffe (während der Bombenangriffe sterben 1254 Menschen, 325 Häuser werden total und 750 weitere teils erheblich be-

schädigt). 12. März: Einheiten der III. US-Armee nehmen Weimar kampflos ein und bleiben bis zur Übernahme durch die Rote Armee 81 Tage in der Stadt.
1948: Wiedereröffnung des Deutschen Nationaltheaters mit Goethes „Faust“. Übersiedlung der Ministerien nach Erfurt.
1949: Goethejahr (200. Geburtstag). Wiedereröffnung des Goethehauses. Thomas Mann (1875–1955) hält seine Goethe-Gedenkrede im Deutschen Nationaltheater.
7. Oktober. Ausrufung der Deutschen Demokratischen Republik (DDR).
1953: Gründung der Nationalen Forschungs- und Gedenkstätten der klassischen deutschen Literatur in Weimar (ab 1991 Stiftung Weimarer Klassik, seit 2006 Klassik Stiftung Weimar).
1955: Schillerjahr (150. Todestag). Schiller-Gedenkrede von Thomas Mann im Deutschen Nationaltheater.
1951/58: Einrichtung der Nationalen Mahn- und Gedenkstätte Buchenwald.
1963: Der Buchenwaldfilm „Nackt unter Wölfen“ erlebt im Beisein des Romanciers Bruno Apitz (1900–1979) seine Premiere.
1975: Die Stadt feiert ein Jahr lang irrtümlich die Tausendjahrfeier. Später stellt sich heraus, dass Weimar nicht 975, sondern bereits 899 erstmals urkundlich erwähnt ist.
1988: Neues Schillermuseum mit Schillerhaus eröffnet.
1989: Herbst. Friedliche Revolution in der DDR beendet die SED-Herrschaft, führt zur ersten freien Kommunalwahl, zur deutschen Vereinigung und Wiedergründung des Freistaates Thüringen (mit Landeshauptstadt Erfurt) 1990.
1993: Der Kulturrat der Europäischen Union ernennt Weimar zur „Kulturstadt Europas 1999“.
1996: Aufnahme der Bauhaus-Bauten in Weimar und Dessau in die Welterbeliste der UNESCO.
1998: Aufnahme der „klassischen Stätten Weimars“ in die Welterbeliste der UNESCO.
1999: Weimar ist „Kulturstadt Europas“, verknüpft dies mit dem Goethejahr (250. Geburtstag) und dem Schillerjahr (240. Geburtstag). Neue Weimarhalle eröffnet.
2002: Aufnahme des handschriftlichen Nachlasses von Goethe in das UNESCO-Register des Gedächtnisses der Menschheit.
2004: 2. September. Ein im Dachstuhl der Herzogin Anna Amalia Bibliothek ausgebrochener Brand vernichtet etwa 50 000 alte Bücher, weitere 62 000 werden durch Feuer und Löschwasser beschädigt. Neueröffnung nach 11,4 Mio. Euro teurem Wiederaufbau am 24. Oktober 2007.
2005: Schillerjahr (200. Todestag).

Quellen

Benz, Wolfgang; Distel, Barbara: Der Ort des Terrors. Geschichte der nationalsozialistischen Konzentrationslager. Band 3 Sachsenhausen Buchenwald. – C. H. Beck München 2006

Dehio, Georg: Handbuch der Deutschen Kunstdenkmäler. Thüringen. – Deutscher Kunstverlag München 2. Auflage 2003

Ebersbach, Volker: Carl August. Goethes Herzog und Freund. – Böhlau Köln Weimar Wien 1998

Ehrlich, Willi: Goethes Wohnhaus am Frauenplan in Weimar. – Nationale Forschungs- und Gedenkstätten Weimar 4. Auflage 1985

Föhl, Thomas; Siebenbrodt, Michael u. a.: Bauhaus-Museum. – Deutscher Kunstverlag 1995

Günther, Gitta; Huschke, Wolfram; Steiner, Walter (Hrsg.): Weimar. Lexikon zur Stadtgeschichte. – Hermann Böhlaus Nachfolger Weimar 1993

Günzel, Klaus: Das Weimarer Fürstenhaus. Eine Dynastie schreibt Kulturgeschichte. – Böhlau Köln Weimar Wien 2001

Helfricht, Jürgen: Die Wettiner – Sachsens Könige, Herzöge, Kurfürsten und Markgrafen. – Sachsenbuch Leipzig 4. Auflage 2007

Hemmann, Paul; Golling, Günter; Hemmann, Gisela: Die Brunnen in Weimar. – Stadtmuseum Weimar 1990

Kleinbub, Claudia (Redaktion): Die Herzogin Anna Amalia Bibliothek. Nach dem Brand in neuem Glanz. – Otto Meissners Verlag Berlin 2007

Naake, Erhard: Nietzsche und Weimar. Werk und Wirkung im 20. Jahrhundert. – Böhlau Köln Weimar Wien 2000

Paulus, Helmut-Eberhard (Hrsg.): Höfische Kostbarkeiten in Thüringen. Historische Anlagen der Stiftung Thüringer Schlösser und Gärten. – Schnell & Steiner Regensburg 2007

Post, Bernhard; Werner, Dietrich: Herrscher in der Zeitenwende. Wilhelm Ernst von Sachsen-Weimar-Eisenach 1876–1923. – Glaux Jena 2006

Schau, Reinhard: Das Weimarer Belvedere. Eine Bildungsstätte zwischen Goethezeit und Gegenwart. – Böhlau Köln Weimar Wien 2006

Schrickel, Leonhard: Geschichte des Weimarer Theaters von seinen Anfängen bis heute. – Panses Weimar 1928

Statistisches Jahrbuch 2007. – Stadt Weimar Stadtentwicklungsamt Abteilung Geoinformation und Statistik 2008

Inhalt

Johann Sebastian Bach 6
Bauhaus 8
Brunnen 10
Lucas Cranach d. Ä. 13
Deutsches Nationaltheater 15
Dichter und Schriftsteller 19
Ehringsdorfer Urmensch 23
Friedhöfe 24
Fürstengruft 26
Fürstenhaus
Sachsen-Weimar-Eisenach 28
Johann Wolfgang von Goethe . . . 32
Goethes Gartenhaus 35
Goethes Wohnhaus
und Goethe-Nationalmuseum . . . 37
Goethe- und Schiller-Archiv 40
Herzogin Anna Amalia
Bibliothek 42
Hotels 45
Kirchen 49
Kirms-Krackow-Haus 54
Konzentrationslager
Buchenwald 56
Kunstmaler und Grafiker 58
Lesemuseum 62
Franz Liszt 63
Marie-Seebach-Stiftung 68
Markt 71
Museen 74
Nationalsozialismus 79
Friedrich Nietzsche
und Nietzsche-Archiv 82
Park an der Ilm 86
Rathaus 89
Residenzschloss 92
Rotes und Gelbes Schloss 96
Friedrich von Schiller 99
Schillers Wohnhaus
und Schillermuseum 103
Schloss Belvedere 105
Schloss Ettersburg 108
Schloss und Park Tiefurt 110
Tafelrunde Anna Amalias 112
Thüringer Spezialitäten 114
Universitäten und Hochschulen . 116
Weimar in Zahlen 119
Weimaraner 121
Weimarer Klassik 122
Weimarer Republik
und Nationalversammlung 124
Weimarhalle 126
Weißer Schwan 127
Weltkulturerbe Weimar 128
Wittumspalais 130
Zwiebelmarkt 132

Chronik von 899 bis heute 133
Quellen 139

Umschlaggestaltung unter Verwendung von Abbildungen aus dem Buch, außer:
Johann Heinrich Wilhelm Tischbein, Goethe in der römischen Campagna, 1787, Inv.-Nr. 1157, Städel Museum, Frankfurt a. M., © Ursula Edelmann/ARTOTHEK
Vorsatz: Ansicht Weimar von Matthaeus Merian um 1650

Bibliografische Information der Deutschen Nationalbibliothek

Die Deutsche Nationalbibliothek verzeichnet diese Publikation in der Deutschen Nationalbibliografie; detaillierte bibliografische Daten sind im Internet über http://dnb.d-nb.de abrufbar.

Für die freundliche Unterstützung bei den Recherchen danken Autor und Verlag sehr herzlich Gabriele Drews von der Stadtverwaltung Weimar, dem Leiter des Stadtmuseums Weimar Dr. Alf Rößner sowie dem Sohn des letzten regierenden Großherzogs von Sachsen-Weimar-Eisenach, der 1953 den Namen Jörg Brena annahm.

Bildnachweis
Jörg Brena: S. 28, 31; Deutsches Bienenmuseum Weimar: S. 75; Klassik Stiftung Weimar: S. 27, 43, 44, 84, 95, 97, 100; Marie-Seebach-Stiftung: S. 69; Museum für Ur- und Frühgeschichte: S. 23; Schirmmuseum Pennewitz: S. 78; Stadtmuseum Weimar: S. 6, 7, 23, 59, 60, 65, 73, 79, 80, 125, 134, 137; Stadtverwaltung Weimar: S. 89, 119.

Fotonachweis
Christian Brinkmann (www.hundefotografie.eu): S. 121; Grandhotel Russischer Hof Weimar: S. 47, 48; Hotel Elephant Weimar: S. 45, 46, 120; Ernst Rentzsch: S. 20, 21, 29, 33, 34, 39, 64, 112, 113, 135. Alle anderen Fotos von Jürgen Helfricht.

Gesamtherstellung: Husum Druck- und Verlagsgesellschaft
Postfach 1480, D-25804 Husum – www.verlagsgruppe.de

ISBN 978-3-89876-387-5